JN113294

さけびはとどく

武田信嗣［著］
Takeda Shinji

定年前の牧師
人工知能と認知症の時代に
ブーバーの助けを頂き
二、三人で広がる世界を夢見る

YOBEL,Inc.

主よ　私の祈りを聞いてください。
私の叫(さけ)びが　あなたに届きますように。

詩篇102篇1節

はじめに

一度きりの人生なのに、誰もが、未完の叫びを地上に残したまま人生を終えていくように思います。それもいいではありませんか。この本でお伝えしたいことは、それでも「叫びは届いている」「叫びこそが宝だ」、これだけです。私はキリスト教の牧師をしていますので、どうしても宗教（信仰）につながる話になってしまうのですが、是非ともこの世界を垣間見てほしいのです。

さて、私が叫びにこだわるようになったのは、キリスト教の牧師だった父の叫びが起因しています。父は「なんで日本のキリスト教はいつまで経っても人口の一％[1]のままなのですか」との叫びを自分の叫び（祈り）として死にました。もちろんのこと、今も変わらずキリスト教は一％のままなのですが、それでも私は、「父の叫びは届いている」、と思ってきたのです。

実は、父の叫びは、何も父から始まったわけではありませんでした。若くして太平洋戦争で戦死（病死）した私の知らない祖父から来たものでした。小学3年生の時に祖父から呼ばれた父は、呉海軍病院の一室で、祖父からの無念の感情を受け取ったようです。戦後、父は祖父の無念と父自身の無念を合わせたものを、戦勝国アメリカからの平和主義メノナイトの宣教師、ジョナサン・バーテル師[2]にぶつけていきます。そうすると師は、まるでキリストのように父の叫びを受け止めてくれたのです。父は、それをきっかけにキリスト教に入信し、牧師になり、今度は「なんでキリスト教はいつまでも一％のままなのですか」との別の叫びをもつ人になっていったのです。叫びのバトンタッチと言ったところでしょうか。

そのような父の叫びの祈り[3]を聞いてきた私も、父と同じように未完の叫びを溜め込んだまま、自分が所属するキリスト教の一派、メノナイト・ブレザレン[4]という教団の牧師の定年（六十五歳）を迎えようとしています。

（1）人口の一％……二〇二二年度の政府による宗教統計調査ではキリスト教系の信者数は一九六万七七五八四人でした。日本の総人口（二〇二二年十月）は一億二四九四万人でしたので、実際は一、五七％になりますが、一般のキリスト教からすれば、異端とされている教派も含まれることや、名目的なキリスト教徒も含まれていることもあり、差し引いてほぼ一％というのが妥当だと思われます。しかし、問題は他の宗教と同様、若者の宗教離れと信者の高齢化の中で、信者数、礼拝出席者数がほぼ横ばいのままだということです。父がクリスチャンになった時期も、すでに戦後のキリスト教ブーム（マッカーサーによる占領下）が終わる頃でした。あれから少しは増加しましたが、それでも一％のままです。

（2）ジョナサン・ヘンリー・バーテル（Johnathan Henry Bartel）師は、キリスト教の中国宣教（孤児院事業）に身をささげたご両親の元で、孤児たちと共に育たれ、後に再び中国宣教に赴かれたのですが、共産革命で国外退出を余儀なくされ、一九五二年、日本宣教の使命をもって来日されました。日本では、父が引き継いだ春日出キリスト教会（後の大阪セントラルグレースチャペル）、叔父が引き継いだ港キリスト教会、藤が丘キリスト教会、和合キリスト教会を開拓され、帰国後もコロラドのデンバーで日本人伝道を続けられ、生涯、日本人、中国人へのキリスト教宣教に尽くされました。バーテルファミリーの歩みは、*This mountain is mine*（Moody Press, 1969）に記されています。

（3）隣の部屋から聞こえる耳がつんざかれるような父の叫びの祈りは、子どもの私にとってあまり心地の良いものではありませんでしたが、集会場に響き渡ったあの祈りが懐かしいです、と言ってくださる方々に出会うとちょっとうれしい気持ちになります。

叫び（祈り）とひとりごとは別のところにあるのでは

そんな私は、あの日のことをなつかしく思い起こしています。

その日、教会の一室で、私は、救いを求める女性に「一度、祈ってみませんか」と勧めていたのです。すると彼女は、私の勧めに応じてくださり、「天のお父さま」と神さまを呼んでくださったのですが、後が続かなかった。延々と沈黙だけが続くことになってしまい、ついに彼女は突然、ぷっと吹き出して「ひとりごとみたい」と笑いながら返してこられたのです。この時の彼女の「ひとりごと」という言葉が四十年近く経った今も耳から離れません。

それで私は、「ひとりごと」と未完の「叫び（祈り）」にはとてつもない隔たりがあるのではないか、この二つはどうも勢力争いをしているんじゃないか。もしかすると、人って「叫び（祈り）」を諦めた瞬間から、「ひとりごと」に征服されてしまうんじゃないか。いや、人類はすでに「ひとりごと」に征服されてしまっているのではないか。実は、マルティン・ブーバーという方の本をほんの少しかじって、そのように思うようになったのです。

対話の教師、マルティン・ブーバー

ドイツに「マルティン・ブーバー」(Martin Buber, 1878-1965)というユダヤ系の哲学者がいました。一九七〇年の大阪万博の五年前に亡くなられたので、そんな昔の方じゃない。私が子どもの頃、まだ生きておられた方だったんだ、と驚いたものです。ブーバーの哲学は難解です。いやユダヤ人の哲学はどれも難解に思われます。いいえ哲学はどんな哲学でも難解ではあります。しかし彼の助けを頂くと、もしかすると、なかなかわかってもらえなかったキリスト教の根っこのところを、わかってもらえるのではないかと思うようになりました。

(4)「メノナイト・ブレザレン」とは、キリスト教の一教派ですが、歴史的には約五百年続く歴史的平和教会であるメノナイトの一派です。日本では普通の教会なのですが、ユニークなところでは、昔ながらの生活を大切にするアーミッシュ共同体もメノナイトから分かれた一派です。

日野原重明師によるブーバー紹介文

そんな私ですから、ブーバーを紹介してくださる大先輩を見つけると友を得たような気持ちになり、うれしくなります。それも明治、大正、昭和、平成と百五年間もの長い生涯を勇敢に駆け抜けられた医師、日野原重明師だったから余計にうれしくなりました。日野原師も私と同じ、牧師の子でした。師はブーバー関連のある本の推薦文でこんな紹介をされていました。

「二十一世紀は、二十世紀以上の先端化学兵器による戦争で開幕した。世界中の人々は、二十一世紀を「平和の世紀に」とあれほど期待していたのに。このような時に、ハイデッガーに並んで二十世紀最高の哲学者とされるユダヤ人哲学者M・ブーバーの遺した言葉は、近代人への愛と平和の具現を期待させるメッセージを私たちに与えてくれるものと信じる。いまや恨みを恨みで報いる連鎖反応として始まった戦争の世紀にあって、ブーバーのメッセージは苦悩する近代人の目に明るい希望をもたせるものになるのではないかと思う。[5]」

(5) 斉藤啓一著『ブーバーに学ぶ「他者」と「本当」にわかり合うための三十章』(日本教文社) この文章は1頁にある日野原重明師の推薦文の抜粋です。師がよど号ハイジャックで人質となった頃は五十八歳。金浦空港で解放されて二週間後の静養の折、カバンに詰め込んだのがブーバーだったそうです。それ以来、日野原師はブーバーの名言「人は始めることを忘れない限り、いつまでも老いない」を座右の銘とされていました。(日経ビジネス、「日野原重明の生き方教室」その2より)

目次

私の旅

まずは「どうして日本でキリスト教が増えないのか」から始まった私の旅

ここまで、**「ひとりごと」**と叫びの二つが勢力争いをしている、とか、自分がブーバーの影響を受けてきた、などと述べてきましたが、まず**「ひとりごと」**とブーバーに辿り着くまでの個人的な旅物語から述べさせてください。

実は、私の旅物語[6]のスタートは、先ほどの父と同じように「どうしてキリスト教が日本では増えないのか」と言う、どの日本人牧師も頭を抱えているキリスト教世界の難題から始まりました。そんなことは、牧師（著者）が親子で悩めばいい話なのでしょうが、あつかましくも、この難題に一緒に巻き込まれてみませんか。もしかすると、この難題で本当の日本の形が見えてくるかもしれませんよ。そんなちょっと傲慢な気持ちでこの本を書きました。

しかし、私の耳に届いてくるのは「外来宗教（外国から輸入された宗教）なんだから増えないことぐらいわかっているじゃない」の声です。でも牧師としてそんなことで諦めたくありません。確かに諦めムードを醸し出す牧師がいたり、全知全能なる神の奇跡（リバイバル運動）で一発逆転を祈る牧師がいたり、それなりに日本文化に浸透してきたと高を括る牧師がいたりするなかで、迷走しつつ、父の叫びを受け継ぐこととなってしまったわけです。

そこで、私の切り札は、人格

そう、私の切り札は、**人格**なのです。

もしかすると、日本にキリスト教が増えない理由は、日本のキリスト教が、自分たちの本

（6）旅物語（スピリチュアル・ジャーニー）戦後、中国で生まれ育った米国人ジョナサン・バーテル宣教師に導かれて牧師となった父武田二郎の息子である私も牧師になる中、父が名付けてくれた「信嗣（しんじ）」、つまり「信仰の世嗣（よつぎ）」（ヘブル人への手紙十一章七節の文語訳）にこだわって生きようとした旅物語です。

質であるはずの**人格**（パーソン）という言葉と向き合ってこなかったからではないだろうか。本来、キリスト教徒こそが**人格**の元の元である**人格神**を信じていると自負する人たちのはずだったのに。

しかし、実態はどうなのでしょうか。私自身に関してですが自分のことを**人格**者なんて一度も思ったこともないし、そもそも**人格**などと言う大それた言葉を日常生活で使う機会もなかった。またキリスト教二千年を振り返っても、自分たちが信じている**人格神**なるお方にほめてもらえないことばかりしてきたじゃないかとの後ろめたさもあります。それに加えて、キリスト教徒以外の方々のなかに、**人格**者を見つけてしまうと余計にわからなくなってしまいます。ですから、日本のキリスト教が増えない外的要因はいっぱいあるのはもちろんですが、内的要因としてはこれだ、と何となく思い込んだところから私の旅が始まったのです。

キリスト教は何と言っても人格神

さきほども申し上げましたが、キリスト教は何と言っても**人格神**を信じる宗教です。人格

神とは一人の神が**人格**をもたれているということなのですが、ただキリスト教の聖典である聖書のどこを捜しても、「**人格**」とか「**人格神**」とかいう文字は出てこないのに、キリスト教の信者はその人格神を当然のように信じ、その**人格神**が自分たちと共にいてくださることの証言者として生きてきました。

普通、[7]人間の**人格**には必ず名前（固有名詞、あるいは呼称）があるように、名前のある**人格**の神が、人類にご自分を明らかに（啓示）されてきた証言（聖書）を信じてきたのがキリスト教です。ただ本来、固有名詞をもつ**人格神**ほど理屈で説明しにくいものはありません。ですから、次のような反論はよくわかります。[8]

（7）ポール・トゥルニエ著『なまえといのち・人格の誕生』（日本ＹＭＣＡ同盟出版部）95頁「名前は人格なのです」スイスの精神科医。
（8）ネルス・S・フェレー著『キリスト教の神』（新教出版社）465頁「神の人格性ということは、キリスト教の主要な教義であるということは、今日ではしばしばごく当たり前のことのように思われているために、われわれはこの表現を歴史的信条やキリスト教会の告白に全く見出すことがないのみならず、

そもそも神に人格があることも……

私が牧師をしている武庫川キリスト教会では、曹洞宗（仏教禅宗系）のお寺で生まれ育った娘さんが六十歳手前でキリスト教に入信し、九十歳手前の今も教会の伝道師として活躍してくれているのですが、彼女とは正反対の、キリスト教から曹洞宗のお坊さまに改宗されたドイツ人のネルケ無法さんという方がおられます。この方の本を読ませて頂くと、一神教キリスト教に一定の評価をしつつも、キリスト教やユダヤ教はまだまだちゃんとした一神教に達していないから寛容になれないのだ、とそんなふうに述べられ、「そもそも神に『人格』があることも、私には不徹底に思えてならない」(9)ときっぱり言われます。

うーん　どういう意味なのか、「そもそも神に『人格』があることも、私には不徹底に思えてならない……少なくとも人格神へのこだわりを捨てなければ、排他性から脱し得ないだろう。」と述べられていますから、やはりこの方も人格神にひっかかったのでしょう。私はクリスチャンですので、クリスチャンの視点で申し訳ないのですが、ああ、この方が描いてきた人格神像、西洋世界で描き続けてきた「危うい人格神像」、この方の言われる「危ういキリスト教」に失望されたんだろうなあ。

同じ人格なんて、絶対にない

そこでその点に関して共感して頂けそうな話からさせてください。その前に、事前にわかってほしいことは、「宗教の排他性」（宗教の枠組ばかりを強調するあまり出てくる排他性）は困ったものですが、あえて誤解を恐れず言うならば、「人格の排他性」はいいんじゃないか。つまり、「同じ人格は絶対にない」「人格は唯一無二のものなんだ」という排他的叫びがあってもいいんじゃないか、ということです。このあたりにこだわり続けるのが、本来のキリス

つい最近に至るまで三位一体の教義を否定するキリスト者のほとんどすべての考えにおいては、非正統的なものとみなされていたことに気づく時、驚かざるを得ないのである。」

（9）ネルケ無方著『仏教の冷たさ――キリスト教の危うさ』（ベスト新書）203頁。

ト教であり、ここを徹底することこそキリスト教の本望なのではないかと言いたいのです。

共感して頂けるに違いないと私が思った話というのは、ドイツ・ユダヤ思想の研究家であられる村岡晋一氏の『名前の哲学』[10]（講談社選書メチエ）という本の「はじめに」に書かれていた話です。私がこの話を読んだ時、これは本当に良い話だ、と単純に共感でき、納得できました。著者の幼少期のご自身の体験ですので誰もが共感できる内容になっています。村岡晋一氏は、ブーバーと同時期のドイツ・ユダヤ思想家全体を研究なさっている方で、氏の書物を読ませて頂いて、名前というものに目が開かれた思いになりました。こんな話です。

「だって、チロはチロなんだから」

「小学校に通いはじめたころ、犬が飼いたくてしかたがなかった。あまりしつこくせがむものだから、父が雑種の子犬をもらってきてくれた。毛が茶色と白のぶちだったので「チロ」と名づけた。「チロ」が庭をよちよち歩き回ったり、ひざうえで眠りこける様子がかわいくてたまらなかった。それまでより早起きになり、授業が終わるのが待ち遠しかった。そのチロが突然いなくなってしまった。家族みんなであちこち探し回ったが、みつからない。ところが、ふたたびひょっこり帰ってきた。この小さな冒険者の帰宅をみんなそれは喜んだが、チロは重い病気に冒されていた。ゼイゼイ苦しそうに息をして、やがてよだれを垂らすようになり、庭のミカンの木の下で死んだ。私があまりかなしがるので、見かねた父がこう言ってなぐさめてくれた。「そんなに泣くな、また代わりの犬ももらってきてやるから」。だが、私にはこのことばがなんとも腹立たしかった。だってチロの代わりがいるはずはないのだから。だが、その「かけがえのなさ」を父に訴えようとして、はたと困りはててしまった。チロみたいにあんなに「かわいい」眼をした犬はいないと言っても、あんなに「性格のやさしい」

(10) 村岡晋一著『名前の哲学』(講談社選書メチエ) 3頁 (はじめに)

おおのしお作「チロ」

犬はいないと言っても、チロの「かけがえのなさ」を表現するどころか、「代わりがきく」ことを証明してしまう。なにしろ、「かわいい」とか「性格がやさしい」とはどんな犬にも言えるし、ほかの動物にも、人間にだって言えるからである。せっぱつまった私は父にこう訴えた。「だって、チロはチロなんだから」。私が言った二番目のチロは、あきらかに「チロ」という名前にすぎない。名前だがチロの存在のかけがえのなさを表現するただひとつの手立てなのだ。……」

私は、この「**だって、チロはチロなんだから**」という村岡晋一少年の心からの叫びと、日本人クリスチャンが、いくら**人格神**（名前をもつ神）を説明しようとしてもわかってもらえないもどかしさと重なるなあ、と思ったのです。日本のクリスチャンが駄々っ子をしているように思われてしまうと困るのですが、是非とも「**だって、チロはチロなんだから**」をわかってほしいのです。

キリスト教は、燃え尽きない柴の中からモーセに現れて自己紹介してくださった、あの名前のお方だけが神だと言うんですから、そりゃあキリスト教が排他的に見えて当然でしょう。しかし、どうして「代わりはダメ」と言ったらダメなんでしょうか。どうしてそれを言ったら「不寛容」なんでしょうか。ここなんです。ここなんです。「代わりはダメ」という偏狭さが間違った意味での原理主義を生むと言うふうに、すぐに結論づけないでほしい、そんな気持ちが私にはあります。

名前抜きでもやっていけるのだろうか

キリスト教は元来、そこのところをわかってほしい、という叫びをもっていたはずだったのですが、キリスト教二千年の歴史のなかで、そんな幼少時代（初代教会時代）の叫びばかりを強調しても、わかってもらえないとキリスト教側も悟ったのでしょうか。どうもキリスト教は、チロという名前を横に置きざりにしたままで、名前抜きでもやっていけるギリシャ由来の諸哲学で説明を繰り返す、**人格**に限って言えば、ある種の迷いの森に足を踏み入れてしまったように思うのです。

そして行き着いたのが、もう名前なんかどうでもいいんだ、名前なんかにこだわらなくていいんだ、と公言する「**人格神**、棚上げ神学」（ジョン・ヒックという宗教多元論の主唱者が主張する神学、私が仮につけてみただけの造語）に辿り着いてしまったように思うのです。

でもキリスト教信者としては、本来のチロという名前を忘れるわけにはいかないわけです。**人格神**は、アブラハム、モーセに現れ、その度に自己紹介してくださったあのお方であり、人になられたクリスマスの神さまであられ、人類の罪を背負ってくださった受難週の神さまであられ、三日後に復活された復活祭の神さまであられ、今も生きてくださっているあの名前のお方なのです。名前がちゃんとついている**ご人格**である以上、他の**人格**と入れ替えてはダメ、名前を変えてもダメ、というのが本来のキリスト教の幼少期からの叫びであったはずなのです。

それに対して、「その名前じゃないよ」と拒否してくだされればよいのに、一般の日本人はそんな礼儀に反することはしません。

「そんなに泣くな、また代わりの犬ももらってきてやるから」

2020年11月19日(木)
オープンチャーチのイキイキ
コミュニティーチャーチのゆるゆる
クリエイティブチャーチのワクワク
しお
パスタの部屋
武田牧師
西村さん
大野
【出来ない恵み】
おもてなしのイキイキ・・・。
いらっしゃい
お茶でも飲まない？
新しいことにチャレンジするワクワク
あれをこんなふうに作ろう！
みんな助かるかな？
ぼくは……何か出来るかな？
……。
イエス様にたよるしかないなぁ〜
恵みを感じられてうれしいなぁ〜
【どっちなの？】
武田牧師は独り言を言うことがあります。
コーヒーでも飲もうかなぁ
このポットに入ってる昨日のコーヒーだね〜
昨日のコーヒーはコクがある。
のかなぁ〜？
ゴク
ゴク
う〜ん
渋い
のかなぁ〜？ わかんないなぁ〜？
独り言なのか、声をかけられているのかわからず…どっちなのか？。。
えっ?! わかんないで終わり?? 渋いの渋くないの?

みなさん、寛容にキリスト教に合わせてくださるのです。ある程度、キリスト教に合わせてくださるのはうれしいのですが、一方で、何もキリスト教じゃなくてもいいじゃないか、という本音もビンビン伝わってきます。「そんなに泣くな、また代わりの犬ももらってきてやるから」という寛容でやさしい声をかけてくるお父さんがいるのです。

つまり、優しい口調でみなさんに「どんな良い教えでも、忘れるもんだよ。」「それってとぎ話の世界だろ、日本には日本昔話があるよね。」「砂漠地域の一神教と私たちの風土は違うんだから」「若い時はキリスト教に感動したもんだなぁ。」なんて識者から言われてしまうと、この子のような気持ちになってしまうのです。**人格神**にこだわる私のような人たちを、困ったもんだと思うかもしれません。

ゴスペル音楽(11)を指導なさるゴスペル教室の先生が、「ジーザス」(イエスさまの英語名)をあなたの恋人の名前と入れ替えて歌ってくださったらいいですよと指導されることがあるそうです。そんなことを聞くと、クリスチャンとしては、入れ替えないでほしいなと思ってしまうわけです。「だってジーザスは、ジーザスなんだから」「チロはチロなんだから」。でもゴスペルをなさる方々の九十数パーセント以上はクリスチャンではないと聞きますと、仕方がないことなのでしょうね。

あの人のあの人格は、ぼやかしたくない

しかし、私としては、何が何でもあの人のあの**人格**は、ぼやかしたくない、誰からもわかってもらえない幼い子のあの**人格**、いじめられ無視されたあの**人格**にこだわります。気負い過ぎかとは思いますが、**人格**を曖昧にして平気なすべての哲学、神学（もちろんキリスト教の諸神学も含めて）、科学、あるいは、一人歩きする数値、などから**人格**を守りたい、それこそが本来のキリスト教なのではないか、そんなふうに主張したくなるのです。この点では

---

(11)日本のキリスト教会は米国の黒人霊歌から生じたゴスペル音楽が映画「天使でラブソング」等で広がったのを受けて、キリスト教界内でもゴスペル音楽を布教に用いてきました。ただゴスペルの意味は「福音」（good news）ですので、すべての讃美歌はゴスペルソングだとも言えます。また米国には白人霊歌から生じた「おりかえし付き賛美歌」であるゴスペルヒム（福音唱歌）等もあります。

排他的だと言われてもいい、そんな気持ちで私は牧師をしています。でも日本の一般からすれば、**人格神**を主張するだけで非寛容だと思われてしまうのでしょうね。

そんなことを考えていた私が、もしかすると、ギリシャ由来の西洋人の哲学者ではない、オーストリア出身のユダヤ人哲学者[12]、それもキリスト教徒ではないユダヤ教の哲学者ブーバーに助けて頂いたら、もっとわかりやすく、バランスよく、**人格**の排他性の秘密（つまり「だって、チロはチロなんだから」）を解明してもらえるかもしれないと思ったわけです。金子晴勇氏はこれを「**人格**への専一的関係行為」[13]という言葉で説明してくださっていますが、どうもブーバーの思想の重要な概念のようです。

「人格という言葉はなかった」

最近、ちょっと不思議なことに出くわしました。以前に五千円札の肖像になった「新渡戸稲造」（1862 - 1933）を研究されている谷口稔氏と個人的な要件でお出会いしたのですが、直後、一般書店をふらっと歩いていると、その谷口稔氏著『新渡戸稲造――人格観と社会観』（鳥影社）が、突然、ちょうど私の目の高さに、目立つように置いてあったのです。「人格」という言葉が気になる私でしたから、直前にご本人との出会いと交わりがあったこともあり、すぐに購入しました。すると、この本のなかに、次のような新渡戸の晩年の証言が書かれてあったのです。実は、新渡戸の晩年の同じこの証言を、つい先日、私の母校の式典で講演なさった恩師、湊晶子氏の口からも同じことを聞いたばかりでした。

「人格という概念について新渡戸は晩年、次のように述懐している。『西洋人は、パーソナリティーを重んずる。パーソン即ち人格である。日本では人格という言葉は極めて新しい。私等が書生の時分には人格という言葉はなかった』[14]」

(12) ブーバーは「オーストリア出身のユダヤ人哲学者」ですが、彼が生きた第二次世界大戦で、ヨーロッパに住む九百万人程のユダヤ人のうち六百万人以上の人たちがナチスドイツによって殺されました。ブーバーはナチス台頭と共にヘブライ大学の社会哲学の教授となりました。

(13) 金子晴勇著『対話的思考』（創文社）77～78頁。『対話と共生思想』（知泉書館）と解題改訂増補された。

そうなのです。新渡戸の言う「パーソン即ち人格」は、キリスト教と共に明治期に日本に入ってきたばかりの新しい言葉で、「人格」という日本語訳は、どちらかというとキリスト教のことを毛嫌いし、キリスト教を非国家主義だと断定した日本の近代哲学の父と称される井上哲次郎氏によるものだったのです。新渡戸稲造の尽力があったにもかかわらず、「人格」という用語は迷いの森の中でさまよい続けてきたんだろうなあと思います。

日本には person（パーソン）にあたる言葉がない

キリスト教世界でも、スピリチュアルを聖書と歴史から読み解こうとする「霊性神学」という新しい研究分野ができています。この研究分野を牽引してくださっている世界的な学者で日本文化にも憧憬の深いジェームズ・フーストン（1922 - ）という方が日本人クリスチャンに向けてこう言われています。

「日本語にperson（人格的な交わり、関係の中で生きる人間）にあたる言葉がないことは、キリスト者に深刻な問題を突きつけます。なぜなら、恐れて、遠く離れることによってではなく、愛情を表すことによって、私たちは神を礼拝し、神を知るからです。[15]」（後半部分は日本人の宗教心にキリスト教が近づく上で非常に興味深い洞察だと思いますが、ここでは最初の部分だけに注目してください。）

フーストンから見れば、まだまだ英語のpersonは日本語の人格ではないようです。もしまだ日本にはないもの、だとしたら、person抜きに語れないキリスト教が定着しないのは当然ではないか、というふうに納得できるところもあります。キリスト教の抜け殻ばかりが目立ってしまう日本のなかで、私はフーストンが伝えたいpersonをもっともっと知りたい、言葉にしたい、と思うようになりました。

---

(14) 谷口稔著『新渡戸稲造――人格観と社会観』（鳥影社）27頁。

(15) ジェームズ・フーストン著　長島勝訳『喜びの旅路』（いのちのことば社）13頁。

キリスト教の抜け殻?

キリスト教の抜け殻のようなものがキリスト教の本質よりも先に日本に広がってしまったのは良かったのか悪かったのかという観点もキリスト教世界のなかにはあります。確かに日本人はキリスト教から見れば、抜け殻の方にフィットしたようです。以前、爆発的ブームになったチャペル・ウエディング、西洋文化の影響の濃いクリスマスやサンタクロースもそうです。だから、今さら抜け殻なんて言葉を使うと怒られてしまうことでしょう。なぜならこの現実も「和魂洋才」[16]で説明されてきたことだからです。

もう一方で、日本の中にある person（ラテン語のペルソナ）に類似したものも探したくなり、それでも本当のところ、西洋人もちゃんと理解できていたのだろうかなどと、あれこれ考えながら、どのようにしたら、フーストンの言う person を理解し、日本人の宗教土壌に共鳴させることができるのだろうかと頭を抱えてしまうのです。

アリスター・マックグラスという神学者の『キリスト教神学入門』

さて、そんなふうに人格に関心が向かっていた私が、ブーバーに助けてもらおうと心に決めたきっかけとなった教科書的な本が、神学者アリスター・マックグラスの『キリスト教神学入門』[17]という名著でした（自分は牧師を三十年以上してきたのに、神学の基本が全然わかっていなかったことに気づかされた、そんな入門書でした）。

キリスト教の世界で人格を追求しても、必ずしもブーバーが登場してこない中、あるいは、

---

(16)「和魂洋才とは、日本古来の精神を大切にしつつ、西洋からの優れた学問・知識・技術などを摂取・活用し、両者を調和・発展させていくという意味の言葉である。古くから使われていた「和魂漢才」をもとに作られた用語」(Wikipedia) 私は日本での布教方針として「基魂和才」を願うものである。基は基督（キリスト）の基。

(17) アリスター・マックグラス著　神代真砂実訳『キリスト教神学入門』（教文館）

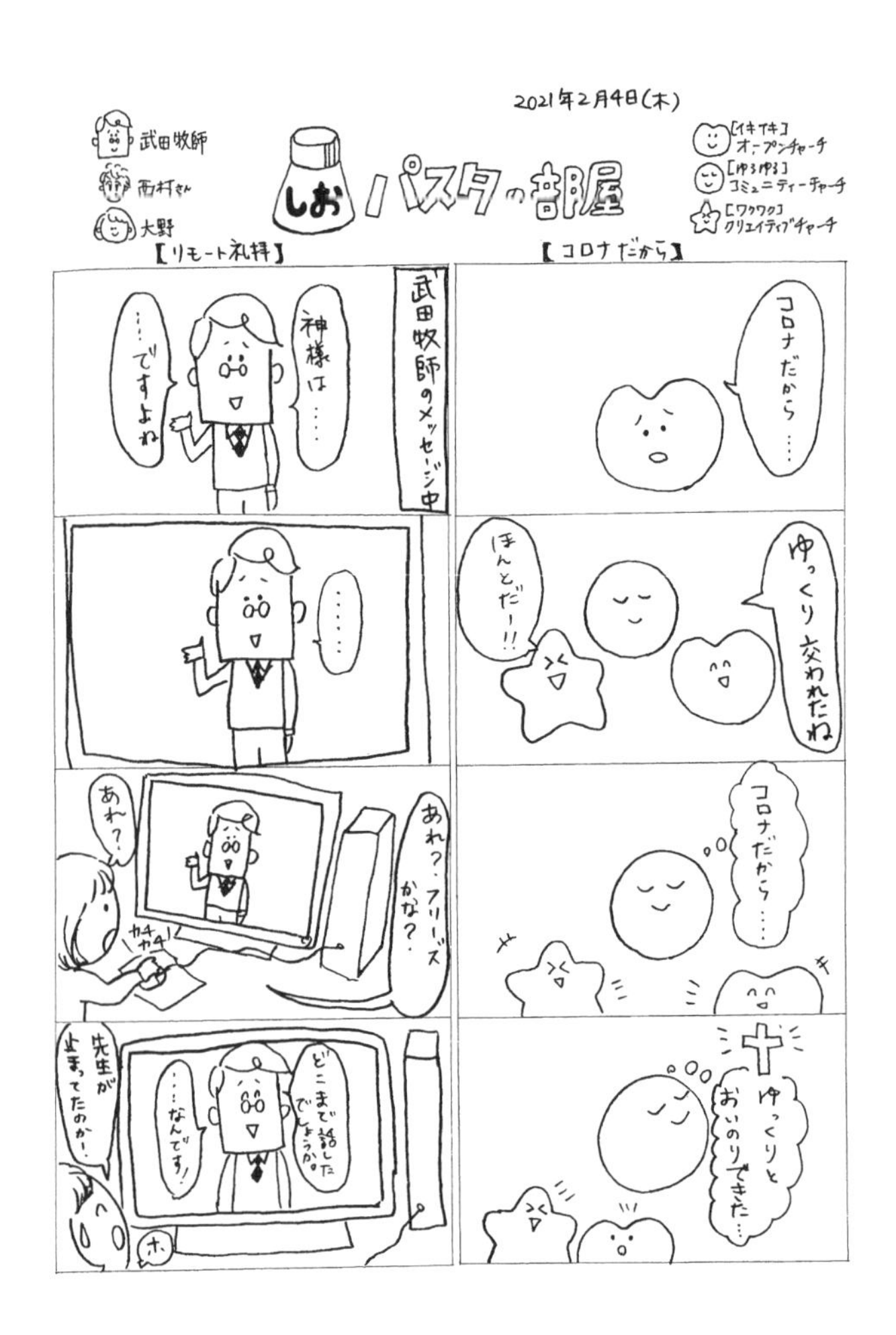
2021年2月4日(木)
しお パスタの部屋
武田牧師
西村さん
大野
[イキイキ] オープンチャーチ
[ゆるゆる] コミュニティーチャーチ
[ワクワク] クリエイティブチャーチ
【リモート礼拝】
武田牧師のメッセージ中
神様は……
……ですよね
……
あれ？
あれ？フリーズかな？
カチカチ
どこまで話したでしょうか。
……なんです！
先生が止まってたのか！
ホ
【コロナだから】
コロナだから……
ゆっくり交われたね
ほんとだー!!
コロナだから……
ゆっくりとおいのりできた……

2021年2月10日(水)
しお
パスタの部屋
武田牧師
西村さん
大野
[イキイキ]オープンチャーチ
[ゆるゆる]コミュニティーチャーチ
[ワクワク]クリエイティブチャーチ
【世のふきのとう】
ごはんですよ〜
今日はふきのとうですよ
しょうゆとみりんで味つけしました
世のふきのとうはみその味ですね
へ
←大野
世のふきのとうとは違う煮かたです。
世のふきのとうとは違いますね
世の？
世の？
世…？
世のふきのとうがあるなら聖なるふきのとうもあるんですかね？
ははは
聖なる！？
「世」が多くてなんか面白かったです。
【天のお父さま】
お父さーん
パパー
父
ファザー
何してるの？
神様のことお父さんって呼んで良いらしいから思いきって言ってるんだ
お父さん……
神様をお父さんと呼べるうれしい…
おっとー
お父様ー
おとーちゃん
へー
君まじ？
大丈夫
あれれ……？

ブーバーはユダヤ教だから、ということで別扱いされているように見える中、マックグラスが、人格を学ぶならばブーバーから学んだらいい、と言ってくれたような気がしたのです。私が関心をもったのは、三部目にある「神論」でした。次のような順番で話が進んでいきます。項目だけをつないでみると次のようになります。

「神は男性か」→「人格神」→「人格の定義」→「対話的人格主義」→「神は苦しむか」→「古典的見解」→「苦しむ神」→「神の死」→「神の全能」→「全能の定義」

注目したのは、四つ目の「対話的人格主義」でした。実はこの「対話的人格主義」の項が、そのままブーバーだったのでうれしくなりました。それで、やはりブーバーこそが、キリスト教の日本宣教における欠落部分に、光を与えてくれるのではないかと、単純に思うに至ったのです。

「ブーバーを読んだね」

極め付けが、「ブーバーを読んだね」と私に語りかけてくださった大先輩との出会いでした。ある日、尊敬申し上げているホーリネス系（キリスト教敬虔主義の流れ）の教派の元監督もされていた先生が私に「ブーバーを読んだね」と突然耳打ちするように語りかけてくださったのです。しかし、当時ブーバーなんて全く馴染みのない名前でしたので、不意をつかれたような先生の言葉に驚きを隠すことができませんでした。私はその先生が大好きでしたので、その時からブーバーを読み始めました。いや厳密にはブーバーの『我と汝――対話』[18]の最初だけをかじっただけでした。

実は「ブーバーを読んだね」と私に言ってくださったのには、理由があったのです。その理由とは、西暦二千一年に「二、三人の神学」という人格関係（あえてこだわると人格でなく人格関係）に関する按手礼論文を、阪神地域の牧師先生方にお配りしたことを受けての言葉

（18）ブーバー著『我と汝――対話』（岩波文庫）

だったのです。

ここからは少し、「ブーバーを読んだね」と誤解された「二、三人の神学」について述べさせてください。ブーバーについて知りたい方はここを飛ばしてくださって、そこを読んだ後、私の「二、三人の神学」に関心をもってくださるとうれしいです。

「ブーバーを読んだね」と思わせてしまった私の「二、三人の神学」

そんなわけで、ここで私の「二、三人の神学」[19]（按手礼論文）を少しばかり挿入させていただきます。「ブーバーを読んだね」と思わせてしまった私の「二、三人の神学」は、確かにブーバーの哲学と重なるところはありました。でも何も特別なことではありません。扱う人数が増えるとお互いの関係が複雑になるから「二、三人」に留めたかっただけでした。しかし、実際には、ブーバーは二者の関係だけを扱っているだけではなく、とてつもなくスケールのでかい哲学者でもありました。

「もう一人」を取り込みたい……

私の「二、三人の神学」は、二者の関係こそが中心的な関係のあり方なのですが、二者の関係ほど難しい関係はないので、そこに三人目の「もう一人」を思い切って仲間として取り込んでみたらどうだろうかという、そんな神学なのです。

一九九〇年代は依存症用語で説明した

私は、一九九〇年代、アルコール依存症の義理の父と同居するなかで、毎日のように非日常的なことが起こるようになったのを受けて、依存症を勉強しようと思うようになりまし

(19) キリスト教界では、このように「……の神学」というふうに命名することが多いのでこのようにしました。「二、三人に関する考察」ということです。

た。それで依存症関係の本を読みあさっていた頃、親しい友人を通して出会ったのが、A・A（アルコホーリクス・アノニマス）で実績を積んだ「十二ステップ」と呼ばれる依存症からの解放プログラムでした。このプログラム、時間はかかるがステップを踏んで次第に解放されていく、まるで魔法のような「十二ステップ」に次第にはまり込んでいきました。それで私はいつのまにか、「二者の関係こそがすべてだ、でも二者の関係が一番厄介だ」という先ほど述べたジレンマを私なりに依存症用語（共依存、アダルトチルドレン、ドライドランク等）で説明するようになっていました。そして解放には、二者の関係ではなく、三者以上の自助グループに救いがあるのではないかと思うようになっていました。

二者の関係は最も大切な関係だけど厄介

そうなんです。二者の関係は、最も大切な関係ですが最も厄介な関係なのです。なぜなら、お互いがお互いへの願望をもっただけでも相手をコントロールしてしまう関係でもあるからです。

2021年3月4日(木)
しお／パスタの部屋
武田牧師
西村さん
大野
[イキイキ]オープンチャーチ
[ゆるゆる]コミュニティーチャーチ
[ワクワク]クリエイティブチャーチ
【感謝を忘れない】
わあ〜い！ありがとう
感謝すぎるよ！！
どういたしまして
じー
ワクワクはすごいなー。すぐに感謝を口にできて〜。ぼくは言おうか言わまいか…と考える内に忘れてしまうんだ。
え!?何がて？ありがとー
ワクワクすごい…
あ！
アリガトウ
どうしたの？ゆるゆる
ワっ！
言うのが遅いから何かおこる前に神様に感謝したんだ
先どりの感謝も良いね☆
nice！
【マスク選び】
メッセージ前の時間
今日はどのマスクにしようかなて。
これかなて。
それともこっちの方が
メッセージに集中しやすいマスクの方がみんな良いだろうな。
よし…これに決めた
ジャー
本番中
あ！先生マスクはずしてくださいね！
あ…。そうだった。
山本神学生
ソーシャルディスタンスが出来るライブ礼拝だったので

夫婦関係において然り、親子関係において然り、です。熟練を要するカウンセリングもコーチングもメンタリングも二者の関係です。そのようななかで、現代人が安易に会得してきた妥協策が「適切な距離を保つ」ことではなかったでしょうか。つまり、コロナ禍で叫ばれた「三密」のような対策です。寂しいことかな、今や、世界は、賢く「適切な距離を保つ」ことを最善とする時代に突入してしまったように思います。ある程度、自己を守りつつ、我慢しつつ、お互いの支配を許容しつつ、やっていこうとみんなが思っているように見えるのです。この現状を見る時、もしかすると私たちが自由だと思っていたのは、二者の関係を諦める自由ではなかったのか、と思えてなりません。

「多者の関係」だけでいいの

ですから、二者の関係を諦めた人たちに残されているのは、「多者の関係」に希望を見出すしかありません。しかし、私はもう一つ、「三者の関係」にも注目してほしいのです。それが私の「二、三人の神学」です。「三者の関係」まで止める？　しかし普通は「二者の関係」でうまくいかないなら三者の関係でも、うまくいかないものです。確かユダヤ人哲学者のレヴィナスは、その「もう一人」に暴力の起源があるようなことを述べているそうです。何となくわかるような気がします。ただ、それであっても「二者の関係」の救いは「もう一人」との関係から来るのではないかと思うのです。

「もう一人」は「第三者」ではない

そのようなわけで私は「もう一人」を取り込みたいのです。ちょうど、母子の二者の関係しか知らなかった赤ちゃんが、母親の後ろに微かに見えてきた「もう一人」を見るような、そんな感じです。つまり「お父さん」という存在が意識されていくように、です。聖書のイエスさまも十二弟子に向けて次のように言われています。

「まことにもう一度あなたがたに言います。あなたがたのうちの二人が、どんなことでも地上で心を一つにして祈るなら、天におられるわたしの父はそれをかなえてくださいます。二人か三人がわたしの名において集まっているところには、わたしもその中にいるのです。」（マタイの福音書十八・十九〜二十節）

「個」からではなく、「共同体」からではなく

一般的には「個」から始める哲学も、「共同体」から始める哲学も沢山ありますが、「個」と「共同体」の間にある「二、三人」から始める哲学もあってもいいのではないでしょうか。[20]

もう一つはキリスト教の難問中の難問である「三位一体」（つまり、イエスキリストも神、聖霊なるお方も神、父なる神も神、三者なのに神はお一人というわかりにくい神学用語）があるのですが、もしここに「三位一体」を信じないユダヤ教のブーバーの「我と汝（なんじ）」を入れ込んだらどんなことになるか、という未知の世界へのときめきもあったように思います。また、昔からよく議論されてきた「西洋的な個か、日本的な共同体か」そういうことではなく、西洋で

もなく、日本でもなく、ユダヤ人であるブーバーからひらめきを頂けるのではないかという期待をもつことができたのです。

---

(20)「**二、三人の神学**」の一例、三者の中の二者関係が三つあるなかで、必ず三者共に一つの認知できない二者関係があることに注目するとき、体験的に見えてくるものがある。それは「AはBとCの二者関係を知らない。」「BはCとAの二者関係を知らない。」「CはAとBの二者関係を知らない。」ということである。この知らない関係が一つずつ存在するのが三者の関係なのである。この知らない関係に信頼をおいているかどうかで三者関係は大きく左右される。この知らない関係に信頼をおいている人は深い「安堵」に至るが、この知らない関係に不信をもっている場合は、かなり深刻な「孤立」に至るということである。またこうも言える。AはBと神との二者関係を知らないし、BもAと神との二者関係を知らない。信仰者は友人同士であっても、あなたの神との二者関係を知っていると言ってはならない。つまりお互いの信仰のレベルを客観的に完全に表現できると考えてはならない。むしろお互いの知らない関係性を尊重することから本当の平和が始まる。父と母子の関係ならば、父は母子の関係を知らなくても信頼し、母は父子の関係を知らなくても信頼し、子は父母の関係を知らなくても信頼することで平和は広がるのである。

武田牧師
西村さん
みぃちゃん
大野しお
2021年4月28日（水）
しお
パスタの部屋
【イキイキ】オープンチャーチ
【ゆるゆる】コミュニティーチャーチ
【ワクワク】クリエイティブチャーチ
【すごい奇跡】
過越しってすごいね。
神様のすごい奇跡だったね。
ふしぎだった
ぼくらもイエス様のぎせいの血があったから救われたんだよね。
それもすごい奇跡だよね
ぼくの宝アンモナイト
それはすごい化石
ここ座って下さい!
すわろうかな?
すごい座席
【先に見つけた】
この本に出会ったのは神様の導きなんですよ
その本いいですよね
私が先生にこの本を紹介したんですよね
ぼくも前から知ってたんですけどねぇ~
いえ。先生。私がさきに見つけました。
ぼくも知ってたんですけれど・・・
先生は負けたくないんやねぇ~
こちらにふられましても
え・・・
トットットッ

「ユダヤ教的違和感」と「危うい実存主義」

日本のプロテスタント教会で最も古く伝統的な牧師養成の神学校に東京神学大学があります。その大学の歴代学長がそれぞれブーバーについて違った見解をもっていたことを興味深く思っています。近藤勝彦氏は、ブーバーから強い影響を受けたブルンナーという神学者を解説する文章のなかで、こんなことが述べられている箇所を見つけました。

「しかしブーバーにはユダヤ教的とでも言うべき強烈な人間主張があって、神の対極に立って一歩も譲らない人間の趣があり、私には違和感を拭いきれませんでした。[21]」

（21）近藤勝彦著『二十世紀の主要な神学者たち――私は彼らからどのように学び、何を批判しているか』教文館（85頁）

（22）芳賀力著『神学の小径 1』キリスト新聞社、70頁私も深入りするならば、近藤勝彦氏のように、ユダヤ教的な違和感を拭いきれなくなるかもしれません。でももう一方で、自分も「神の対極」に立って一歩も譲らないブーバーの位置を探ってみたい、という気持ちにもなりました。けれど、もう一人の歴代学長の大木英夫氏は、近藤氏とは別の視点をもたれている方のようで、今こそ、ブーバーを含むユダヤ人哲学から学ぶ時が到来していると言います。

ある種、危さを伴うブーバー

そしてもう一人の歴代学長の芳賀力氏は、前述の近藤勝彦氏のように、ブーバーを含む実存主義に対して否定的なコメントを発しておられます。

「私という実存契機、出会いの一方の極である私という主体性の側に少しでも力点が置かれるやいなや、この立場はある種危うさを伴うことになる」[22]

しかし、私は、とりあえずブーバーの提唱した「我と汝(なんじ)」、この一点だけでよいという気持ちから、ブーバーの世界に足を踏み入れたわけです。

ブーバーに出会って二十年

私が「二、三人の神学」という按手礼論文を書いたのが2001年、四十二歳でしたから、この頃にブーバーという名前に出会ったことになります。あれから二十三年が過ぎ、今六十五歳(本著を書き始めた頃は六十一歳頃)になりました。今も自分が牧会する教会でブーバーについて語ったことがありません。何もブーバーを語らなくても、クリスチャンなら、ブーバーの視点を何となく理解していると思っているからです。

武田牧師
西村さん
みぃちゃん
大野しお
2021年5月6日木曜日
しお
パスタの部屋
【イキイキ】オープンチャーチ
【ゆるゆる】コミュニティーチャーチ
【ワクワク】クリエイティブチャーチ
【主を恐れることは知識の初め】
箴言でも読もう
フムフム…
主を恐れることは知識の初め。
でも恐れつつ神様に近づくぞ
ゆるゆる〜
わーい
なにしてるの〜
恐い!
え!?
近づく
恐いよー
キャー
【忘れない】
昼食中
アーメン
お祈りの前に西村さんがお願いしていた
あ!先生。「はし」取ってくださいましたか?。
わすれてた
しょう油もお願いしますよ〜
わすれてました〜。
しっかりしてくださいよ〜
お祈りしましたか?。
それは流石に覚えてます。
しましたよ〜

私なりのブーバー理解

私なりのブーバー理解

「私なりのブーバー理解」と致しましたのは、「自分と他者との関係は二種類あるのだ」ということの一点だけにしがみついて、感動している自分がいるからです。二種類の関係[23]とは、「我と汝(なんじ)」の関係と「我とそれ」の関係の二つなのですが、このことを知って以来、私は、いちいち、さてこの関係は本当に「我と汝(なんじ)」の関係なのだろうか、それとも「我とそれ」の関係なのだろうかと考える人になってしまいました。

何かを見たら「我とそれ」

ブーバーは、私たちが、ある対象に注目しただけで、その対象とは「我とそれ」関係になり、我は「それ」に縛られてしまうのだというのです。私自身、腑に落ちるまで時間を要しました。ある対象に注目した途端、すべての人間が「我とそれ」の呪縛に取り憑かれる運命にあるようなのです。どうもミイラ取りがミイラになってしまうようなのです。

対象に縛られる「我とそれ」……たとえばコロナ

たとえば、少し前、世界全体は新型コロナ感染で、みんなが新型コロナという「対象」に注目せざるを得なくなっていました。世界全体が「コロナ・コロナ」の耳タコ状態でしたから、あの頃、ある牧師がこういう時だからこそもっと「よそ見をしようじゃないか」と奨励されていたのが新鮮でした。もしかすると、あの頃の私たちは、コロナという「対象」にこ

(23) しかし「我と汝(なんじ)」の思想は何もブーバーが発見者でないことをブーバー自身が指摘しています。「一般に、「われ–なんじ」の思想がデカルトに始まる近世の自我哲学を克服する新たな方向を示すものとして、とくに第一次世界大戦後のヨーロッパに広まってきたことは周知のとおりである。このような思想の一つの中心がブーバーの「われとなんじ」であったことはいうまでもない。しかし、この「われ–なんじ」という言葉は決してブーバーの発見でもなければ、また彼の専有物でもないのである。ブーバー自ら指摘しているように、「われ–なんじ」の思想は、あらゆる時代を通して予感されてきたことであり……」平石善司著『マルティン・ブーバー——人と思想』(創文社)より。

だわる依存症になっていたのではないでしょうか。依存症は言い過ぎかとは思いますが、人間はみんな「対象」というものに縛られる運命にあるんだなあと改めて痛感したものでした。

たとえば「これをご覧ください」と対象を指示されると、一応みんながそっちを向くではありませんか。たとえ、よそ見をしていても、指示された対象を見ることで、相手に縛られた状態になってしまうのではありませんか。これは人間である以上、逃れることのできない性なのかもしれません。

マイロン・アウグスバーガー先生

マイロン・アウグスバーガー[24]というメノナイト系（私も所属する歴史的平和主義のキリスト教）の学者が来日された折、聖書のなかで割合有名な箇所である「右の頬を打たれたら左の頬を向けよ」（マタイの福音書五章三十九節）という御言葉の解説をしてくださるなかで、次のように私たちに問われました。

あなたが、理由なく突然、誰かから頭を小突かれたとしましょう。そうするとあなたは必ず相手に縛られた状況になるはずです。それに対して、あなたが仕返ししようが、我慢しようが、黙ろうが、無視しようが、「対象」から逃れることができなくなってしまうのではないでしょうかと私たちに問われたのです。

実は、彼は「右の頬を打たれたら左の頬を向けよ」のお話をアメリカとソ連の冷戦下、アメリカの国防総省、ペンタゴンでのチャペル（小礼拝堂）でしたのだそうです。普通、平和主義のメノナイトの牧師がペンタゴンに呼ばれて、ここから話をするなんてあり得ないことだったとアウグスバーガー先生は強調されていました。しかし、そこで語られた説教は、アメリカもソ連も同じようにお互いの対象に縛られていないか、という問いかけの説教だったのです。実

(24) マイロン・アウグスバーガー氏は五百年程前の再洗礼派の聖徒であるミハエル・ザットラーの伝記を記した方で日本語にも訳されています。榊原巌訳『燃える巡礼――ミハエル・ザットラー伝』（平凡社）

際、アメリカとソ連の冷戦が終わった頃、テレビのドキュメンタリーで見て驚いたのは、あの恐るべきソ連の指導者たちが、どれほどアメリカを恐れていたかという事実でした。

それが人間の性(キリスト教でいう罪)なのでしょう。ですから「右の頬を打たれたら左の頬を向けよ」とのイエスさまのご命令を実行することは容易ではありません。憎しみの対象である相手の顔を見てしまったばっかりに、その対象に縛られ、考え方がガラッと変わってしまうことが常なのです。「私は人を憎んだことがありません」と言う穏やかな人であっても、対象一つで誰よりも人を憎む人になってしまうことを私は疑いません。コロナ感染者の人数の推移で、政治家も専門家も一般人もその度に顔色を変え、数値に影響された数年間を過ごしたのではなかったでしょうか。当然といえば当然でしょう。

ただ、現代人は、それなりに大量の情報の嵐のなかで翻弄されるのを常としていますので、無意識に対象に縛られないようにチャンネルを変えることのできる術を身につけたように思います。また、もともと私たち東洋人は、主体と客体の区別を西洋人ほど明瞭にしなかったり、理性と非理性の間を自由に行き交ったりしつつ、対象の縛りから逃れる最先端の術を会得した民族のようにも思えます。たとえば仏教の瞑想もその点を極めた達人の世界のように思います。

さて、どこに目をつけるか

しかし、そうではあったとしても、私たちが確かにどこに目をつけるかで自分の人生が変わっていくように思うのです。そうです。「対象を知る」ということは、想像以上の意味があり、また「対象を知らない」ということも、想像以上の意味があるように思うからです。

江戸時代の鎖国の終わりに、外国を知らなかった日本人が「黒船」という対象を見てしまったばっかりに、確かに歴史が変わりました。岩倉具視（ともみ）(1825 - 1883)、伊藤博文（ひろぶみ）(1841 - 1909) は、諸国歴訪で近代国家を見てしまったばっかりに、何かが変わったことは確かでしょう。人は、見た対象に捉えられてしまうものなのです。私も牧師をしていますので、海外からの新しい神学を知ってしまったばっかりに、その神学の縛りを経験することが多々ありました。またアメリカからメガチャーチ論（マクドナルドのような発展を夢見る教会成長論）が輸入された折にもかなりの影響を受けましたが、今思えば、全部は受け入れる必要はなかったし、全部捨てる必要もなかったのです。

私は新約聖書の中でパウロ先生がこんなことを言っているのが今もわからないままです。「十字架につけられたイエス・キリストのほかには、何も知るまいと決心していたからです」（コリント人への手紙 第一 二章二節）。そんなことができるのか。もし対象を知るということをパウロ先生側で制御できたのであるならば何とすごいことでしょうか。

また旧約聖書に登場するエレミヤという預言者が、ある日、「アーモンドの枝」を見ていたのだそうですが、その時、神さまから「よく見たものだ」と言われたのです。ですから、この「アーモンドの枝」という対象は神からの啓示でした。彼は見るべきものを見ていたので神さまから誉められたのです。しかし、神さまは同じ預言者エレミヤにこんな警告もしました。「彼らの顔におびえるな、さもないと、わたしがあなたを彼らの顔の前でおびえさせる」このように対象に翻弄される運命にあるのも「我とそれ」の世界で生きる私たち人間の現実なのです。

神を研究する学、キリスト教の神学

神を研究する学であるキリスト教の神学も例外ではありません。キリスト教の神学の世界も「我とそれ」の世界を二千年の歴史を経て蓄積してきました。私の場合は私の所属する教派の牧師養成の神学校でその神学を学びました。また有名な大学である関西学院大学や同志社大学等には神学を勉強する神学部があります。しかし一方で人格神なるお方を研究対象として扱うことへの恐れをもちつつ学んでいる面もあります。もしかすると神さまを研究対象として扱うのは神さまに対して失礼なことではないか、聖域に踏み込んでしまうのではないか、そんな気持ちにもなってしまう面もあるわけです。

私自身、十代で何もわからないまま、牧師養成の神学校（東京基督教短期大学）に入学したのですが、神学校に入学してから「組織神学」（システマティック・セオロジー Systematic Theology）なる学問があることを知りました。「ああ、キリストはキリスト論だ」「ああ神さまは神論だ」というふうに、なんとなく「論」とついただけで別のことをしている思いになったものです。でも勉強とはそういうものなんだと自分に言い聞かせて、授業に向かっていきました。

迷いをもったまま六十代まで来てしまった

私はそんな迷いをもったまま六十代まで来てしまったのです。このような本を書きたくなったのも、牧師を四十年近くもしているのにこの感覚が続いているもどかしさからかな、と思ったりもします。そうなのです。いくら「キリスト論でいいのだ」と納得できても、今まで自分が祈ってきた相手は、論ではなく「イエスさまぁー」だったのです。呼び方のトーンが違うだけでも「それは違う」世界に生きてきたのです。一方で、「イエスさまぁー」というふうに呼び方にまでこだわるのは単なる「甘えの構造」ではないか、という批判が聞こえて来そうですが、少しは認めつつも、果たしてそうなのだろうかと反発したくもなるのです。

こんな感覚をもつクリスチャンは、私だけなのだろうかと思ったりします。「**人格神**」なるお方を研究対象にしてしまうと、その対象との関係性に欠けが生じるのではないかと薄々思っているクリスチャンたちがおられるはずです。だからこそ、「反知性的」キリスト教が生まれてくるのもある程度はうなずけます。この微妙な感覚を弁明してくれているのがブーバーなのです。ブーバーに浸ると、神学も哲学も「我とそれ」の領域になります。

アメリカ経由の福音主義

また、このような気持ちになるのは、私が、神との人格関係的出会いを個人的に明確に証言しなければならないと信じるアメリカ経由の福音主義の影響を受けた教会で育ったからでしょう。私が育った教会では、毎年「夏のバイブルキャンプ」がありました。キャンプは三泊四日で、三日目夜のキャンプファイヤーでは、牧師先生から「あなたはどうする」という語りかけがありました。

私たちはその語りかけに対して応答してきました。その頃は、ビリー・グラハムという世界的な大挙伝道者の全盛期で、韓国では桁違いの大会衆を集めたこともあった時代でした。このような大挙伝道では招きというものがありました。まずは「あなたは神から離れた罪人だ」という語りかけがあり、次に「罪から来る報酬は死だ」という語りかけもあり、「しかし神があなたを愛して十字架で身代わりに死んでくださったんだ」という愛の語りかけがあり、「あなたは神に対してどう応答するか、そしてその応答の自由はあなたにある」という問いかけがあったのです。

私には、何度も、自分の罪を指し示され、応答を繰り返した若き日の思い出があります。応答した後、カウンセラーと呼ばれている先輩の信徒が傍に来てくれて一緒に祈ってくれたのです。神さまの人格関係的な問いかけに対して、人格関係的に答えたというあの経験は、確かに私の人生に大きな影響を与えました。

「あなた」とお呼びするスタート地点があった

また私には、祈りのなかで、神さまに向かって思い切って「あなた」と呼び直すことができるようになった時点がありました。あの時、確かに何かが変わったような感じがしました。「あなた」(二人称)で祈ってもいいんだ、と思った時、新しい世界が開かれたように思ったのです。ただ今なお日本語の「あなた」で神をお呼びすることにしっくりいかない面もあるのですが……。

というのも日本語の「あなた」は英語のyouとも違う感じがすることを指摘してくださった尊敬する韓国人の先輩牧師がおられたからです。度々の交わりのなかで、日本人クリスチャンが祈るときの「あなた」に違和感があると言われていました。それ以降、私は「あなた」とお呼びしたり、「あなたさま」と呼び直したりしています。そうしながら、迷いつつも、これでいいんだとも思っています。「恐れつつ」も、「厚かましく」も、使い分けることが人格関係的ではないかと思うようになっています。

「あなたのことなんか知らんよ」

牧師は毎週の礼拝のなかで聖書からの説教というものをするのですが、私は会衆席の一列目に座る一人の方（いつも決まって私の誘いに乗ってくれる方）に何となく協力して頂いて、こんなことをすることがあります。私がここに座るAさんのことを研究し、ついにAさん研究で博士号まで取ったとしても、そのAさんから「あなたのことなんか知らんよ」と言われたらどうするの、という内容の笑い話です。

みんなが一応に声を出して笑ってもらえたことを確認しつつ、もし神さまについての知的研究を極めたとしても、神さまの側から「あなたのことを知らないよ、あなたとは関係がないよ」と言われたらどうするの、と問うわけです。実際は、神さまはそのような方ではないとみんな思っているので、笑いで済ますわけですが、私としては「我と汝（なんじ）」について考えてほしかったのでそのように問うのです。

「我と汝（なんじ）」は対象を突き詰めない

さて、このあたりから、もう一つの根源語である「我と汝（なんじ）」に入っていきましょう。「我と汝（なんじ）」の「我」は、「我とそれ」の「我」とは全く違う「我」なのです。

しかし「我とそれ」の「我」のほうは、眼前の対象を徹底的に突き詰めようとし、論理で戦いを挑んできます。ある場合は依存症のように対象に吸い付き吸い付かれていくのです。

「我と汝（なんじ）」は「我とそれ」のように、言葉で対象化したものを合理化し、突き詰めません。

手作りの陶器を前にして

眼前に自分の手作りの陶器があったとしましょう。その陶器と会話できたとしたら、お互いに「我と汝（なんじ）」が成立するでしょうが、それは無理な話です。もし陶器と会話できたとしても、それは単なるこちら側の思い込みに過ぎないからです。やはり「ひとりごとの世界」なのです。自分が陶器と対話をしているのだと主張したとしても、そのような意味での対話でしかありません。やはりそれは「対話」ではなく、「独話（ひとりごと）」の世界ということになります。なぜなら陶器は「それ」だからです。

そんなふうに考えると、人間関係以外に「我と汝（なんじ）」なんて、あり得ないことが見えてきます。（ただブーバーはあり得ると言っている方でもあるので、興味深い領域ではあるのですが……）しかし、問題はここからです。問題というのは、人間同士は、「我と汝（なんじ）」の対話ができるはずなのに、「我とそれ」になってしまっているのではないか、これがブーバーからの問いなのです。

私の実例・末期の方の病院訪問

簡単な私の実例を紹介しましょう。私は牧師ですので、末期の方の病院訪問の時は、対話に全力を投じます。誤解なきよう、沈黙も対話です。しかし、対話への集中の度合い如何で、罪意識に捉われてしまうことが多いのです。罪意識というのは、本人と以前のようにお話しができなくなっている時、そばで病状の説明をしてくださる家族のほうに気を取られていくことへの罪意識です。

そんな時、本人との「我と汝」にどれくらい集中しているかが問われるわけです。「我と汝」の対話をし続けることに自信がなくなっていくのです。どうしてかというと、「我と汝」の対話にはどうしても「排他的・専一的人格関係信仰」が必要になってくるからです。

こちら側の思い込みも含めての「我と汝」を信じ抜く信仰です。もしかしてこちらの思い込みならどうしようかとの不安ももちつつ、信じ抜く信仰です。対話の限界があることも謙虚に認めるべき状況になってしまうのです。病床の方に「今になって、馴れ馴れしく語りかけてくるじゃないか、自分は応答できない弱い立場なのに」と思われたらどうしよう、との罪意識を抱いてしまうのです。それこそ、最初に述べた「これは独話か対話か」の葛藤の姿です。

しかし、こちら側の一方的な「我と汝」になってしまうのではないかとどことなく思ってしまい、対話することを諦めてしまうならば、「我と汝」への信仰が足りないとも言えるのです。また対話の背景にある「沈黙の世界」(24)（マックス・ピカート）、独居(25)（リチャード・フォスター）の「静けさ」を自分のなかに保持していなかったとも言えるのです。どうしても眼前の現象に耐えきれず、目をそらせてしまうこともあるでしょう。「静けさ」もユーモアも試みることなく、その場を終わらせてしまったとしたらどうでしょうか。私自身も罪意識を残したまま病室を後にしたことが何度かありました。私たちは、「我と汝（なんじ）」への自信を失い、「我とそれ」に逃げ込むことしかできないのでしょうか。

なぜ人間世界に暴力が蔓延る

また、私たちが「我とそれ」に支配されてしまう現象を別の面からお話ししましょう。なぜ人間世界に暴力が蔓延るのでしょうか。もちろん、相手を「我とそれ」で対象化すること自体が暴力に直結するわけではありません。しかし対象化した結果起こる可能性があるのが暴力であることは確かです。

相手との関係が「我と汝（なんじ）」ならば、絶対に暴力は起こりません。反対にぎりぎりまで相手との「我と汝（なんじ）」の対話があっても、ぎりぎりで暴力になった途端、「我とそれ」になっているのです。なぜなら相手が「我とそれ」でなければ暴力は成り立たないからです。一旦「我とそれ」になると、相手をサンドバック（物）のように連想できるようになります。嫌いな人間を「それ」として一括りにして敵にすることができるのです。また一般的に危険思想と言われている「それ」にもゆだねる可能性も出て来るのです。その点で無知が危険と隣り合わせなのではなく、有知が危険と隣り合わせなのです。

さて、もっと極端な例で考えてみましょう。そうです。暴力の極みである戦争での殺人

(24) マックス・ピカート著『沈黙の世界』佐野利勝訳（みすず書房）本の表紙に記されている言葉「もしも言葉に沈黙の背景がなければ、言葉は深さを失ってしまうであろう。」「愛のなかには言葉よりも多くの沈黙がある。『黙って！　あなたの言葉が聞こえるように』」

(25) リチャード・フォスター著『スピリチュアリティ――成長への道』中島修平訳（教文館）には十三の訓練がある。瞑想、祈り、断食、学習、単純、独居、服従、奉仕、告白、礼拝、導き、祝賀の訓練があるが、独居の訓練は外なる訓練の二つ目。

行為はどうでしょうか。当然のように、「我と汝（なんじ）」で対話しているならば殺人は起こりません。しかし戦争はそのような対話を許しません。ですから、実際は、どんなに優しい子でも「我とそれ」的実践訓練を受けさせられてしまうのです。つまり相手を「それ」とすることの殺人実践訓練をさせられてしまうわけです。それが戦争というものです。しかし何もここで暴力とか、戦争とか我と汝（なんじ）が完全抹殺されるような極端例を挙げたくもありません。ただただ戦争なき時代が続くことを祈るしかありません。そのために、政治のトップのために祈らねばならないと聖書は言います[26]。

「そこで、私は何よりもまず勧めます。すべての人のために、王たちと高い地位にあるすべての人のために願い、祈り、とりなし、感謝をささげなさい。それは、私たちがいつも敬虔で品位を保ち、平安で落ち着いた生活を送るためです。」

（テモテへの手紙第一 二章一〜二節）

ゴキブリよ、何を考えているのか

戦争を考える際、ゴキブリを思い浮かべてみてはどうでしょうか。私たちはなんでゴキブリが怖いのでしょうか。その理由の一つとして、ゴキブリが「我とそれ」の対象なのか、「我と汝(なんじ)」の対象なのか、その境界線がわかりにくく、迷いが生じてしまうということがあるからなのではないでしょうか。彼らは、突然飛びかかる必要がないのにカーブを描いて飛んでくるのです。まるで人格があるかのようです。そんなとき、「おまえは何を考えているのか」と思ってしまうのです。しかしゴキブリたちが「汝」ではなく「それ」だと確認することで思い切りがつくのです。(ゴキブリが怖くない方は笑って読み飛ばしてください。笑)

---

(26) ただ祈りつつも、キリスト者は、平和をつくる使命を頂いています。日本メノナイトブレザレン教団の信仰告白には、次のような平和の視点があります。

a. 平和は、人間による支配の視点からは、生まれない。神は少数の人々、支配された人々、周縁に追いやられた人々に目を注がれる。それは聖書の証言であり、再洗礼派はじめ、多くのキリスト者の経験の証言である。

b. キリスト者は秩序として国家、地域社会所属組織を認め、それらに対して責任ある態度を示さなければならない。同時に、キリスト者が示す忠誠の究極的対象はキリストご自身であることを確認する。

広島も長崎も「それ」だった

別の例として、第二次世界大戦中にアメリカが広島と長崎に原爆を投下した出来事を考えてみましょう。原爆を投下したアメリカの視点からすれば、広島と長崎は単なる「それ」でした。彼らは上空[27]から「それ」を見下ろすだけで、そこに住む人々の「我と汝(なんじ)」の営みなんて考えません。下にあるのは「物」なのです。同様に、当時の日本の指導者たちも、原爆の脅威に怯えながら、苦悩しつつも、日本国民を「それ」としか扱っていなかったことでしょう。彼らは「それ」である日本地図を眺めつつ、「それ」である広島、「それ」である長崎の次は、どこの「それ」に落とされるだろうかを恐れたのです。

現代社会での「それ」の使用

私たち現代人も、テレビの映像を見ながら、あの人、この人を単なる「それ」にしか見えていないのではないでしょうか。つまり通勤ラッシュの映像を「群衆」として、「それ」として一括りにして眺めているだけなのです。以上のように、ゴキブリや原爆投下の例から、他人を「それ」として扱うことの危険性をもっともっと認識すべきなのでしょう。

そんななかで、気になり始めたこと

そんななかで、ブーバーによって「我とそれ」と「我と汝（なんじ）」の区別に気づかせて頂いたのはよかったのですが、事はそう単純ではなかったのです。というのは、実際は「我とそれ」のように見えて「我と汝（なんじ）」であったり、「我と汝（なんじ）」のように見えて「我とそれ」であったりすることがあまりにも多いからです。もともとの相手が「物」ならば、「我とそれ」で全然問題ないのですが、相手が「人」の場合、「我と汝（なんじ）」と「我とそれ」を見極めることが結構

（27）あの飛行機（エノラ・ゲイ）にも、軍隊付きのチャプレン（神父）がいたことへの不信は今も変わりません。また私の父がそんなアメリカに怒りをむき出しにして平和主義のジョナサン・バーテル宣教師に食ってかかったことをきっかけに信仰をもち、牧師になったので、私にもこだわりがあります。

難しいのです。

日本語の「あなた」はやはり使いにくい

「我と汝(なんじ)」(28)の「汝(なんじ)」を現代語は「あなた」だと思いますが、この「あなた」という言葉は日常会話で使いこなされているでしょうか。案外「あなた」を使用する場面が少ないように思いませんか。「お前さん」とか「そなた」とか「貴殿」とか「あんさん」「おまはん」等はドラマの世界でしか聞こえてきません。「お前」とか「あんた」とか「きみ」を使用する場面はあるとは思いますが……。

私の場合は、キリスト教徒ですので、神さまに向かってお祈りする時と賛美する時には「あなた」を使用するのですが、日常会話で「あなた」をほとんど使用していません。ですから、私のような人間は「我と汝(なんじ)」を表現するために、別の対策として、相手の名前をしっかりと呼ぶようにしています。というのも、私に「我と汝(なんじ)」を味わわせてくださった恩師は、しっかりと「あなた」を使用する人であったと同時に、私の名前も呼んでくださる方だったからです。

恩師の「あなた」

ほぼ五十歳年上の神学校時代の恩師は、普通に「あなた」を使用する方でした。彼女が使用する「あなた」は私を「我と汝(なんじ)」に導いてくれる「あなた」でした。彼女は十代で

(28) 森有正氏は『鼎談』の中で日本の場合の「我と汝」について、次のように説明されています。
「根本的にちがいます。日本の「わたしとおまえ」というのは、一人称を基礎づけませんからね。一人称を消してしまう役目があるんです。相手に対して自分が二人称になってしまうのです。キリスト教の一人称は、相手に対してもちろん二人称にもなるわけだけれども、むしろ相手に対して、自分の責任を自覚する。日本の場合の相手と自分という場合は、責任を両方の間で、互いに循環されてなすりつけあうという傾向があるわけです。キリスト教の場合、自分が責任をとるという意味があるから、自分の一人称はあくまで一人称なのです。それは神の一人称から二人称として呼びかけられることによって、こちらが一人称に引きもどされるわけです。」

『鼎談　現代のアレオパゴス――森有正とキリスト教』森有正、古屋安雄、加藤常昭著（日本基督教団出版局）148頁

カンザスの田舎町、サライナ音楽院に留学されたのですが、その経験からなのでしょうか。英語の「you」のように「あなた」を自然に発話する先生でもありました。そんな彼女の私への「あなた」は今も私の耳にしっかりと残っています。彼女の「あなた」はキリスト教で言う「神の愛」を感じさせてくれたのです。私が牧師になった後もわざわざ電話の中で、愛称で呼んでくださり「がんばっちゃだめよ」(29)と励ましてくださる恩師でした。ですから、変わらない恩師との「我と汝（なんじ）」を信じるがゆえに天国でお会いすることが待ち遠しく思うのです。

「我と汝（なんじ）」らしきものを「我とそれ」で表現する術

しかし、私たちの周りはどちらかというと「我と汝（なんじ）」に包まれた世界というよりも、「我とそれ」に包まれた世界です。私たち人類は、「我と汝（なんじ）」を「我とそれ」に塗り替え続けてきたように思います。そういえば、新約聖書に登場する宗教家たちの塗り替え作業をキリストは見抜いておられました。

「わざわいだ、偽善の律法学者、パリサイ人。おまえたちは白く塗った墓のようなものだ。外側は美しく見えても、内側は死人の骨やあらゆる汚れでいっぱいだ。」

（マタイの福音書二十三章二十七節）

「科学」のパワーに圧倒されて

現代人の「我とそれ」は、当時の宗教家どころではありません。完成度を高めた二十一世

(29)『三谷幸子追悼集』（三谷会）から私の寄稿文の抜粋、「今日も電話の向こうから『がんばっちゃだめよ』という声が聞こえてくるようです。また天国から『もっと力を抜いて、もっと自然に、こんなふうにするのよ』と発声の個人レッスンをしている先生の声が聞こえてくるようです。またピアノを弾いているときに、さっと私の腕を掴み、『ほら、力が入っているでしょ』と指摘されたように、今もそうされそうです。もしかすると、説教する時の力みも少しは取れてきたかもしれません。でも三谷幸子先生の言われる『自然』に到達するにはまだまだ時間がかかりそうです。」

紀の「科学」[30]は、私たち一般人には対話の余地がないほどの説得力で迫ってくるのです。私たちは科学の恩恵を受けると共に、科学用語で埋め尽くされかけています。それゆえに、対話の余地がないほどの説得力で迫ってくる科学を筆頭にあらゆる学問が、現代人の「我と汝」らしきものを「我とそれ」に塗り替える十分な道具になっているように思えるのです。ブーバーは次のように言いました。

われわれの時代においては、我―それの関係は巨大に脹れ上がり、ほとんどどこからも攻撃されないままに棟梁たるの地位と支配をほしいままにしている。この関係における我、つまり全てを所有し、すべてを思いどおりに処理し、すべてに成功を収めるが、汝と呼びかけることができず、ある存在者と本質的に出会うことができない我がこの時期の主宰者である。この全能となった自我はその周囲がすべてそれでかこまれているがゆえに、当然神をも、また超越的なものに由来するものとして自己を人間に現すいかなる真の絶対者をも認めることができない。こうした自我が〔神と人間との間に〕介入してわれわれから天の光を妨げるのである。[31]

「彼ら［後代の人々］は……生き生きとした交わり、［なんじ］世界を開く交わりに気のりせず、それに適しなくなって、情報ばかり詳しい。彼らは［生きた］人格を歴史のなかに、またその［人格］のことばを図書館に監禁してしまっている。彼らは［法則の］履行も違反も同じように［教義体系に］成文化してしまっている。彼らはまた、近代人にふさわしく、十二分に心理学を混入しながら、［こういうものに］尊敬と崇敬さえ惜しまないでいる。ああ、暗闇の星のような孤独な顔、ああ、無感覚の額にあてられた生き生きとした指、ああ、次第に消えていく足音！[32]」

（30）人類は人工知能が人類を超越するのではないかと言う危機に直面しています。古代のバベルの塔事件の時には、人類は散らされることによって、超越の危機から逃れたのだという解釈もできると思います。さて、私たちの未来はどうなるのでしょうか。

（31）ブーバー著『かくれた神』三谷・山本訳（みすず書房）158頁

（32）ツォルタン・バロー著・野口恒樹・植村卍訳『ブーバーにおける人間の研究――とくに「それの世界」を媒体として』（北樹出版刊）191頁。

私たちの人生も「我と汝（なんじ）」を見失う方向に向かっている？

私たち個人個人の人生も年齢を経るにつれ、「我と汝（なんじ）」を見失う方向に向かっていくように思うのです。

なぜなら、人は皆、生まれた頃は「我と汝（なんじ）」が「我とそれ」に優っていました。母親は胎児に対して、どの時点から汝（なんじ）として愛を注ごうとしたのでしょうか。赤ちゃんはどの時点から母親との深淵な「我と汝（なんじ）」を覚えたのでしょうか。しかし大人になると、母親との「我と汝（なんじ）」を、まるで幼稚なもののように扱ってしまい、「社会性」「自立性」が大切だとか言いつつ、みんなそこから卒業したがるのです。「我と汝（なんじ）」を維持した上で自立の道はなかったのでしょうか。

キリスト教の「アーメン」は甘えの構造用語？

キリスト教と言えば、やはり「アーメン」でしょう。「アーメン」は呪文のようなものではなく「本当です」という意味ですが、私たち日本人は、「アーメン」だけではなく、赤ちゃんでも語れる母音発声の用語をどちらかというと「甘えの構造」用語リストに入れてきたかもしれません。「ママ」とか「パパ」とか「バアバ」とか母音発声の用語のことです。しかし、このような母音発声の用語を私たちは大人になると恥ずかしくなって使用しなくなるのです。しかし、これらの母音発声の用語こそが、「我と汝」を継続させるために必要な用語ではなかったでしょうか。クリスチャンというのは、「アーメン」を発話することによって、神との「我と汝」を続けていると思ってくださったらいいと思います。

「我と汝」の関係は代用できない

しかし、「我と汝」の関係は代用できません。母親と子どもの「我と汝」の関係は代用できません。父親と子どもの「我と汝」の関係も代用できません。しかし高度成長期には「子育てはあいつ（妻）に任せていた」と仕事を理由に関係性までも放棄した父親たちもいたのです。そのような時代でしたから、仕方がなかったのでしょう。しかし、「我と汝（なんじ）」の関係は代用できないのです。

ですから、人は今日まで「我と汝（なんじ）」を欲する言いようもない叫びを、溜め込んだまま来たのではないでしょうか。みんな無意識に内なる叫びをもちつつ、「我と汝（なんじ）」を探求する旅をしてきたのではないでしょうか。それは母親との「我と汝（なんじ）」、父親との「我と汝（なんじ）」、「我と汝（なんじ）」の元の元である神を探し求める旅であり、叫びだったのではないでしょうか。それも無意識にです。私は牧師なので、自分も含め、人はみんな言いようもない叫びを溜め込んで生きている旅人なんだ、というイメージを描いて布教してきたのです。

「我と汝（なんじ）」を気づかせてくれた聖書のたとえ話

イエスさまが伝えてくださったたとえ話の中に、キリスト教の世界ではよく知られている「放蕩息子」のたとえ話があります。この「放蕩息子」は言いようもない叫びを溜め込んで旅する旅人だったのです。こんな話です。

イエスはまた、こう話された。

「ある人に二人の息子がいた。弟のほうが父に『お父さん、財産のうち私がいただく分を下さい』と言った。それで、父は財産を二人に分けてやった。それから何日もしないうちに、弟息子は、すべてのものをまとめて遠い国に旅立った。そして、そこで放蕩して、財産を湯水のように使ってしまった。何もかも使い果たした後、その地方全体に激しい飢饉が起こり、彼は食べることにも困り始めた。それで、その地方に住むある人のところに身を寄せたところ、その人は彼を畑に送って、豚の世話をさせた。彼は、豚が食べているいなご豆で腹を満たしたいほどだったが、だれも彼に与えてはくれなかった。しかし、彼は我に返って言った。『父のところには、パンのあり余っている雇い人が、なんと大勢いることか。それなのに、私はここで飢え死にしようとしている。立って、父のところに行こう。そしてこう言おう。「お父さん。私は天に対して罪を犯し、あなたの前に罪あるものです。もう息子と呼ばれる資格はありません。雇い人の一人にしてください。」』こうして彼は立ち上がって、自分の父のもとへ向かった。ところが、まだ家までは遠かったのに、父親は彼を見つけて、かわいそうに思い、駆け寄って彼の首を抱き、口づけした。息子は父に言った。『お父さん。私は天に対して罪を犯し、あなたの前に罪ある者です。もう、息子と呼ばれる資格はありません。』ところが父親は、しもべたちに言った。『急いで一番良い衣をもって来て、この子に着せなさい。手に指輪をはめ、足に履き物をはかせなさい。そして肥えた子牛を引いて来て屠りなさい。食べて祝おう。この息子は、死んでいたのに生き返り、いなくなっていたのに見つかったのだから。』こうして彼らは祝宴を始めた。（ルカの福音書十五章十一〜二十四節）

中学生の頃、キリスト教の三泊四日のキャンプで、キャンプファイアーをバックにこの放蕩息子の帰還の劇で感動させてくれた仲間たちのことを懐かしく思い起こしています。あれから五十年過ぎて彼らは今どうしているんだろう。そのうちの一人の男の子の家を知っています。彼は高校時代から家に帰ってきていません。親も死にました。家も整地されました。しかし親のもとに帰れなかったとしても、ブーバーの言う「永遠の汝（なんじ）」があるんだ、帰るべき故郷があるんだ、と声を大にして言いたい。みんな「永遠の汝（なんじ）」である父なる神を自分の関係者じゃない、宗教が違う、と思っているんだろうなあ。

この放蕩息子物語でもう一つ付け加えておきたいことは、この物語を読む私たちは、この物語があなたの本当の故郷のことだと思ってほしいのです。実際、この物語はユダヤ（宗教）もギリシャ（哲学）もローマ（国家）も「石の文化」も「砂漠の文化」も見えてこないで読むことができるのです。

キリスト教がよく言う偶像崇拝とは？

さて、キリスト教がよく言う偶像崇拝は、「我と汝（なんじ）」を「我とそれ」に求めることによって生じるもの、と説明できます。私たちはテレビの画面の中のアナウンサーが画面の外の私たちに何やら語りかけてくることが当たり前になっています。すべての人類が同じ反応をしている、これって、宇宙人がこの情景を見て、首をかしげることでしょう。なぜなら、アナウンサーと私たちは全くの無関係者なのに、視聴者はアナウンサーと対話しているかのように生きているからです。「我と汝」の関係が成立しているわけでもないのに、テレビを見ている人たちは「我と汝」的な問いかけに反応しているのです。「独話」と「独話」で対話ごっこをしているのです。つまり対話らしく演技しているのです。

単に演技をしているだけなのに、もう誰が見ても対話のように真面目に頷いているのです。私たちは、上手な演技をする俳優に魅了されるのですが、やはり演技は演技です。基本的には、俳優さんたちは、「独話」と「独話」で「対話」という演技スキルを磨いて生きている人たちです。同じになれないことぐらいは当然理解して演技しているのです。

バレバレの演技

またバレバレの演技だとわかっていても、そういうものだと言うことにして、ため息をつきながらも見ている私たちがいます。たとえば、国会のテレビ中継はまさしくバレバレです。あれを見ていて、ブーバーの言う人格関係的「対話」が成立しているとは思えません。あれはみんなで「ひとりごと」をしているのです。「我と汝」的「対話」は成立していません。官僚が準備した原稿を間違いなく読む姿を見ると、「独話」以外の何ものでもないことぐらいみんながわかっているのです。それに対して、海外の政治家は、日本の政治家に比べて、まだ「対話」に見えるスキルをちゃんと磨いている人たちなのでしょう。

「独話」と「独話」で対話の演技をしている世界は、何も国会だけではありません。あらゆる領域でなされています。私は牧師で毎週日曜日に聖書の内容からの説教をするのですが、完全原稿を作って説教する時、心がそこになく原稿を読んでいる瞬間があることを認めなければなりません。確かに、日曜日の前日の夜中まで説教原稿を作っている時は、心は内に燃えていたのですが、語りの最中は、作成時の燃える思いの度合いとは違っている時があります。そのずれをどう考えたらよいのでしょうか。

さて、これから私たちは何を一番の課題とすべきか

今まで「我と汝（なんじ）」「我とそれ」という用語を用いて、実は対話だと思っていたものが対話ではなく「独話（ひとりごと）」だったのではないか、などと述べてきましたが、では、私たちは、このことを知った上で、どう生きていったらいいのでしょうか。まず、すべての用語が、「我とそれ」用語になってしまうことを認めた上で、その「我とそれ」をどのようにしたら良いのでしょうか。

私たちのできることは「我とそれ」の周辺化？

そうなると、私たちが「我と汝（なんじ）」を中心にして生きるには、中心近くにあった「我とそれ」を周辺にもって行くことしか無いのでしょうか。もちろん「我とそれ」の重要性を認めた上で、一つ一つ吟味しながら、移動することではないでしょうか。周辺にもって行っても「我

とそれ」の価値は落ちません。

中心と周辺との間には距離がある

「中心」と「周辺」という言葉は私たちに安心感を与えてくれます。ある文化には「中心」に暖炉の風景がありました。昔の日本には囲炉裏とか掘りごたつの風景がありました。ですから、私もキリスト教を説明する時も「中心」の風景を描いてきました。たとえば、神さまからの啓示の書、聖書の「中心」はキリスト。キリストの「中心」は十字架と復活。十字架と復活の「中心」は愛。ですから聖書の中心は愛、というふうにして「中心」という言葉を使って、他のものをその度に周辺化してきました。また中心と周辺というイメージを用いると、二つを距離という言葉でつなげることができるのも魅力的です。距離というものは、近距離あっても、遠距離であっても、つながっているのです。

中心に「永遠の汝（なんじ）」との対話がある

それでは中心に「永遠の汝（なんじ）」との対話があることをどう説明したら良いでしょうか。これが「対話的**人格**主義」ということです。つまり「対話的**人格**主義」とは「対話あっての人格」ということです。まず普通は、Aという存在があり、Bという存在があって、その上で、AとBの関係があるというふうに考えることでしょう。しかし「対話的人格主義」は、まずAとBの対話があった上でAという存在、Bという存在を考えるのです。イギリスのブレア元首相に影響を与えた哲学者ジョン・マクマレー(33)も、ブーバーとよく似たことを言っています。

「孤立し、純粋に個別である自己などあり得ない」ジョン・マクマレー

「人間は汝との関わりにおいて我となる」マルティン・ブーバー

はじめに存在ありきか、関係ありきか

西洋の哲学は「はじめに存在ありき」でした。たとえば、三位一体の神さまならば、まず父なる神という存在があり、次に子なるイエスキリストという存在があり、次に聖霊という存在がある。これがまず前提にあって、次に父なる神と子なるイエスキリストと聖霊の三者間の関係があると考えたのです。この順番で考えるのはごく自然なことでしょう。しかし、このような西洋的な論理に対して、河合隼雄は『日本人という病[34]』の中で、華厳仏教は違う、というふうに反論されています。

「Aという存在は自性をもっていないが、B、C、D……などすべての関係の在り方によってAであり得るし、BもBとして自性をもたないが、A、C、D……と関係の在り方の総和によってBであり得る。西洋においては、個々のA、B、C、の存在の区別を

(33) ジョン・マクマレー John Macmurray, 1891-1976.
(34) 河合隼雄著『日本人という病』(潮出版社) 168頁。

明確にし、後にその関係を考えるのに対して、華厳仏教においては、関係が個々の存在に先行するのである。」

しかし「三位一体論」は、河合隼雄氏のような考え方も十分に包括しているように思います。つまり「三位一体論」は存在論から始めることもできますが、関係論からも始めることができるすごい枠組みだからです。つまり「父」と「子」と「聖霊」という三つの存在から始めることができますが、「父と子」「子と聖霊」「父と聖霊」の三つの二者関係から始めることもできるのです。

また、このように語ることもできます。私は武田信嗣です。しかし、「まず武田信嗣という存在ありき」だけではなく、まず神との関係性があって、ようやく武田信嗣の存在を説明することができる、ということもできるのです。若い時に自分の存在を探すために「自分探し」をした方もおられると思いますが、自分という存在探しではなく、神との関係、神との出会いから始めても良かったのではないでしょうか。

つまり「永遠の汝（なんじ）」との出会いから始めてもよかったのです。「自分」という存在の発見を急ぐ必要はなかったかもしれません。しかし一方でもちろん存在論も重要です。もし私たちが存在論で語り合うことをやめてしまうと、人類共通の存在から始めるコミュニケーションができなくなってしまいます。私たちクリスチャンも、キリストというご存在を伝えにくくなってしまいますから。

聖書と祈りで気づく「永遠の汝（なんじ）」からの声……

聖書を読んでいきますと、「永遠の汝（なんじ）」からの誘いの言葉が聞こえてきます。次のような語りかけです。一人でも多くの方々にこの語りかけに触れてほしいと思います。

「唯一無二のあなたは（それでも）高価で尊い」
「唯一無二のあなたを（それでも）愛している」

「唯一無二のあなたの罪を（それでも）赦した」
「唯一無二のあなたは（それでも）わたしの子」
「唯一無二のあなたを（それでも）担い続ける」
「唯一無二のあなたを（それでも）見捨てない」
「唯一無二のあなたは（それでも）人を愛せる」
「唯一無二のあなたに（それでも）未来がある」

三位一体なるお方は私たちに語りかけてくださる

もし神さまが関係性を知らない「一」だけの神さまであったとしたら、私たちの関係者になることがおできになったでしょうか。神ご自身が関係性をもたれる三位一体のようなお方でいらっしゃらなかったら、果たして私たちにご自身を啓示することができたでしょうか。「我と汝（なんじ）」の「二者の関係」「三者の関係」を神さまのなかで体験されていなかったら、燃える柴からモーセに語りかけることができたでしょうか。もちろん、キリスト教は全知全能の神を信じていますから、神は何でもできるお方ではあるのですが……。私は三位一体の神を信じないユダヤ教のブーバーと、三位一体の神を信じるキリスト教を、もっともっと近づけてみたくなりました。具体的にはクリスチャンも「我と汝（なんじ）」という用語を使用することで、それができるように思うのです。

対話を包括する三位一体

対話は異なる二者だからこそできるものです。ですから三位一体の神さまは異なる三者であられたからこそ対話がおできになるのです。もし三者が全く同じであるならば、どうでしょうか。A＝Bならば、A＝Aと同じではありませんか。A＝Cならば、A＝Aと同じではありませんか。B＝Cならば、A＝Cなのですから、A＝Aと同じではありませんか。異なる三者でないならば、何も三位一体でなくても良いのです。しかし、三位一体とは、AとBはA≠B、AとCはA≠C、BとCはB≠Cなのです。全く異なる三つの人格が対話して一つであられます。

「神秘」と「対話」

すべてが一体であることを目指す「神秘主義」と、全く異なる二者間の対話を目指す」対話主義」の二つの主義があることに気づかせてくれたのもマルティン・ブーバーでした。なぜなら、ブーバー自身、初期には神秘主義に傾倒していましたが、後には対話主義に生きるようになったからです。

「神秘」が近づくと「対話」が遠ざかる

私の主観ですが、何らかの「神秘」が迫ると、何らかの「対話」が遠ざかっていくように感じませんか。また、何らかの「対話」が迫ると、何らかの神秘が遠ざかっていくように感じませんか？　私はそのように感じてしまいます。例えば、禅宗の座禅を行なっている時には、どんな他者とも対話してはならないように思ってしまいます。神との対話である祈りもしてはならないように思います。また座禅と同じようなことが、西洋の哲学者スピノザ[35]の『汎神論』にも見られます。スピノザの汎神論では、全てが神の一部であり、すべてに神が宿っているのですから、この考え方に従うと、人格神との対話である「祈り」、「永遠の汝（なんじ）」との対話ももちろん不要になります。自分も神も同じ存在になってしまうのですから。

永遠の汝（なんじ）

しかし、一人で生まれ、一人で死んでいく私たちは、本当に対話なしで人生を生き抜くことが可能なのでしょうか。一体感を確かめ合う瞑想のようなものだけでやっていけるものなのでしょうか。今こそ、全く異なるお方である「もう一者」と生きていく世界を描いてみてはどうでしょうか。もし西洋世界が人格神という「もう一者」を見失いつつあるのでしたら、今度は、私たち東洋世界が人格神という「もう一者」と出会ってみてはどうでしょうか。人

（35）バールーフ・デ・スピノザ（1632-1677）は、オランダで生まれ育ったユダヤ人哲学者。

格神という「もう一者」がどのように人類に語りかけられたかを時系列で説明してくれているのが聖書なのです。その「もう一者」が「永遠の汝（なんじ）」であられ、このお方との対話が「祈り」なのです。社会学者ピーター・バーガー[36]は「祈り」こそが、原初的な宗教行動だと位置づけています。

自分探し

私たちは「自分探し」という言葉を、いつ頃から耳にするようになったのでしょうか。かつて「自分探し」に没頭した人々は自分を発見できたのでしょうか。私は牧師ですから、「自分探し」をされている方々に「自分探し」でなく、「神探し」からしてみてはどうでしょうか、とお薦めしてしまうことがあります。ただし、この「神探し」というのは、私たちが神を探すのではなく、神さまのほうが私たちを捜してくれているという「人捜し」でもあるのですが。先に挙げた「放蕩息子」のたとえ話も、まさしく「人捜し」だったのです。

（36）ピーター・L・バーガー著『現代人はキリスト教を信じられるか　懐疑と信仰のはざまで』（52頁）
「神が人格であるなら、神はわたしに呼びかけることができ、またわたしからも神に呼びかけることができるはずである。……もし究極的実在が非人格的であるなら、わたしは瞑想や精神と肉体の修行を通してそこに到達しようとすることはできるが、それに向かって祈るということは意味をなさない。」

2022年3月10日木曜日

武田牧師
西村さん
みぃちゃん
大野しお

しお パスタの部屋

【イキイキ】オープンチャーチ
【ゆるゆる】コミュニティーチャーチ
【ワクワク】クリエイティブチャーチ

【週報が!?】

週報を読む武田牧師
うーん…
あれ?
逆だった
気づくのがゆっくりでした。

【まず告白!】

まずは告白……
神様に正直に告白してスタートするんだよね!!
イエス様ずっと前から好きでした!
愛の告白もあるケド…
罪の告白の方ね
その告白じゃない…
「でも…僕、罪犯したことないんだよね」
え!? 義人はいないよ
聖書に書いてます。
っていう「うそ」ついたことありました。ごめんなさーい!
アーメン
告白の祈りの途中だったのね。
…^^…

認知症

認知症から「我と汝（なんじ）」が見えるかも……

最近、私の周りでも認知症の方が増えています。六十五歳以上の方の四人に一人は認知症になる可能性があるというのも現実味を帯びてきています。自分が認知症にならなくても、家族が認知症になることもあるわけですから、確かに認知症はすぐそこに来ています。私の両親も認知症になりました。認知症ほど過酷な喪失経験（試練）はありません。認知症は社会性を次第に失っていく病気なのですから、本人も家族も辛い経験をすることになります。

認知症研究第一人者、長谷川和夫師の貴重なご証言

最近、私は日本の認知症研究の第一人者、長谷川式認知症スケールの長谷川和夫師[37]が認知症になられた姿をテレビで拝見して感動しました。この番組の中で、長谷川師は、ご自分の認知症が進行していくなか、「確かさ」が喪失していくことを証言されていました。

「確かさ」の喪失というのは、何となくわかる気がしますが、認知症になられたご本人が認知症研究の第一人者でいらっしゃったので余計に説得力があるように思います。彼の語りのなかで、最も興味深かったのは、どうも「確かさ」が失われる順番があるようなのです。まず「確かさ」が失われる一段階は「時」の確かさが失われることだそうです。「今日何日だったかしら。今何時なのかしら」というふうにわからなくなるのです。そして次に「場所」の確かさが失われるのだそうです。「ここはどこ?」となってしまうのです。そして最後に「人」の確かさが失われる第三段階が訪れるのだそうです。

長谷川師は、もちろんご自身が認知症になられる前に、事前にある程度の目星はつけておられたはずです。私も、この三つを頭に思い浮かべつつ、三つのうち何が一番根源的なもの

(37) ここに長谷川和夫師を引用した理由のひとつに、この方も毎週教会に通うクリスチャンだったことがあります。銀座の教文館の近くの日本基督教団銀座教会の教会員の方だったようです。

なのかを考えざるを得ませんでした。おそらく、一番根源的なものは、三段階目の「人」なのでしょう。「人」というものをしっかりと握りしめて、確かさを維持されている姿がテレビの映像からも伝わってきました。

「人」で「確かさ」を回復するとは

しかし、「人」で「確かさ」を回復するとはどういうことでしょうか。単なる「人」という存在論（オントロジー）によって「確かさ」を回復するということなのでしょうか。今までブーバーを述べてきた私としては、そうではないというふうに断言したいと思います。「人」という存在ならば、「我とそれ」になってしまいます。長谷川師が教えてくれたのは奥様との絆でした。つまり、「確かさ」は、奥様の存在を超えた奥様との関係でした。いや、その関係も、いつしか「我とそれ」に変容してしまうのだとすると、もっと適切な言葉は、やはり、「我と汝（なんじ）」という言葉しかないのです。

「我と汝（なんじ）」を中心に寄せておく

認知症になりたい人なんていません。でもなってしまうことがあります。ですから認知症になるリスクのある私たちは、日々「我と汝（なんじ）」を周辺でなく中心に寄せておく必要があるのではないでしょうか。

母親との「我と汝（なんじ）」を失うことがあったとしても、さらに優れた「永遠の汝（なんじ）」との「我と汝（なんじ）」を中心に寄せておいたらよいのではないでしょうか。これこそが、聖書の創世記にある「神のかたち[38]」の生き方だと思うのです。

あなたが信仰者でなかったとしても、一番の近親者と「我と汝（なんじ）」の信頼関係が最後の砦で

(38)「神は人をご自身のかたちとして創造された。神のかたちとして人を創造し、男と女に彼らを創造された。」(創世記一章二十七節)

あってほしいという気持ちは共感して頂けると思います。言葉にならずとも、最期に一番の近親者に「さよなら！」「また会おう！」「ありがとう！」「ごめん！」と言えた時、「我と汝（なんじ）」で生きたと言えるのではないでしょうか。ここには偽り、演技はありません。しかし、それができなかった現実を身に帯びてきた人類（聖書の示す罪の現実）であるがゆえに、「永遠の汝（なんじ）」に気づくように聖書は私たちに語りかけてくれているのです。

何が小さなことで何が大きなことか

聖書には「最も小さなことに忠実な人は、大きなことにも忠実であり、最も小さなことに不忠実な人は、大きなことにも不忠実です。」（ルカの福音書十六章十節）というイエスさまの御言葉があります。このような難解な聖書を読む度に、私などいつも考え込んでしまいます。私たちは、あることを大きなことだと思い、あることを小さなことだと思って生きていますが、もしかすると、そうではないかもしれないからです。私たちは、「我と汝（なんじ）」に気づいた時、初めて本当のことがわかるのではないかと思うのです。

一つ一つ順番に手放そう

さて、私たちは死に近づく時、何を手放すことになるでしょうか。もちろん、最後まで残しておくべきは「永遠の汝(なんじ)」なるお方との「我と汝(なんじ)」だと、私はクリスチャンですからそう言いましょう。その上で、「我とそれ」を一つ一つ順番に手放すのが賢明ではないでしょうか。なぜなら、所詮、すべてのものは「我とそれ」に過ぎないのですから。

「今はそうさせてほしい」

しかし、イエスさまは何も周辺的なものを否定なさってはいません。「今はそうさせてほしい」(マタイ三章十五節)と言われて、受ける必要がない洗礼をあえて受けられたという記述があります。つまりそちらのほうも疎かにしてはならないと思われたのです。「我と汝(なんじ)」と「我とそれ」は、中心と周辺という意味で繋がっているのです。

「まず神の国と神の義を求めなさい。そうすれば、これらのものはすべて、それに加えて与えられます。」（マタイの福音書六章三十三節）

最期まで残るもの

そのようななかで、すべての「我とそれ」を失ったとしても、「我と汝」が残ればいいじゃないかと信じきることのできる人は幸いな人です。もし私たちが「我とそれ」に驚嘆するならば、「我とそれ」の限界を知った上で驚嘆してはどうでしょうか。そろそろ人類は「我とそれ」つまりひとりごとの世界から、目覚めないといけないのではないでしょうか。

どんな最期をイメージしようか

人はみな、最期は一人で死ぬことになることでしょう。そして死ぬ時には、旧約聖書の人物、ヨブのように「私は裸で母の胎から出て来た。また裸でかしこに帰ろう。主は与え、主は取られる。主の御名はほむべきかな。」（ヨブ記一章二十一節）と悟って死にたいものです。ですから、今のうちに大切にしておくべきことは、一人でも多くの友人たちとの「我と汝（なんじ）、つまり「二、三人の専一的対話」ではないでしょうか。その上で、最期の時に、もしもリアルなあなたの隣人との「二、三人の専一的対話」が実現できたとしたらなんとすばらしいことでしょうか。そのようなことがあったとしたら、神さまからの「驚くべき恵み」（amazing grace）として受け取りましょう。認知症の症状があった父が誤嚥性肺炎で召される直前、父のほうから握手する力をまだ残して、手を差し伸べてくれたので私は父の手を強く握り返すことができました。父はその後、私が三十分ほど教会に行っている間に召されていました。

認知症の母からのまさかの語りかけ

今日もまた、下の部屋では、認知症発症後、脳幹の出血をしつつも、奇跡的にリハビリで回復し、その後も、みなさんに温かく介護してもらっている幸せな母（九十二歳）が寝ています。先日、暗がりのなか、私が母の部屋で洗濯物を干している時、突然、目を輝かせて「何してんの」と語りかけてきました。まさかの語りかけでした。私は「洗濯物干してんの」と答えたと思います。いくら語りかけても全然答えてくれない日々のなかで、この瞬間は間違いなく「我と汝（なんじ）」のように思いました。亡くなられていたはずのイエスキリストが復活の朝、嘆き悲しむマリヤに「マリヤ」と呼びかけられた時、反射的に「ラボニ」（先生）と答えたあの瞬間と同じように思いました。あの瞬間は間違いなく「我と汝（なんじ）」だったのです。

なぜ日本でキリスト教が増えないか

なぜ日本でキリスト教信者が増えないのか

この本の最初に述べた、父の発し続けた「なぜ日本でキリスト教信者が増えないか」の叫びが私の耳から今も離れません。でもキリスト教信者が増えないのかというこの叫びは今に始まったわけではありません。聖書の時代からあったものです。聖書はイエスキリストが人類にとってどの時代においても「つまずきの石、妨げの岩」（ペテロの手紙第一 二章八節）であることを発信し続けています。私はこの「つまずきの石、妨げの岩」をこう解釈しています。「つまずきの石、妨げの岩」であるキリストは今も変わらず「つまずきの石、妨げの岩」であり続けられた、ということです。

ユダヤ人が捨てた石をギリシャ人が拾いました
しかし、ギリシャ人は拾った石を利用するだけ利用して、
イエスというご**人格**をポイっと道端に捨てたのです

そうすると、今度はその石をゲルマン人が拾いました
ゲルマン人も拾った石を利用するだけ利用して、
イエスというご**人格**をポイッと道端に捨てたのです

そうすると、今度は、ゲルマン人が捨てたその石を次の民族が拾いました
次の民族もイエスというご**人格**を道端にポイッと捨ててしまったのです

あれから二千年。ずっとそれが続いています
これからも続いていくことでしょう
今や誰もイエスというご**人格**を語りたがりません
次は誰が拾うのでしょうか。

日本人の場合はイエスさまを拾わないで

キリスト教の抜け殻を集め続けています。
だから今もキリストというご**人格**を知らないまま。

ほとんどの日本人は
キリストのご**人格**を拒んでいるのではなく
キリスト教という宗教構造を拒んでいるだけではないでしょうか。

いつになればおおいが取り除かれるのでしょうか。
「我とそれ」のおおいが取り除けられた時が、
キリストの愛がわかってもらえる時だ……

ブーバー用語を使って、キリスト教を説明するならば、次のようになると思います。本物は「我と汝（なんじ）」にあります。それは「永遠の汝（なんじ）」から発せられる神発的なものであり、神発から始まる内発的なものであり、神発から始まる自発的なものです。ここに根源的な力があります。聖書のパウロは、これを「キリストにあって」と表現するのです。キリストが神発から始まる救いの御わざを実現してくださったからです。また聖書のヨハネは「私たちは愛しています。神がまず私たちを愛してくださったからです。」(ヨハネの手紙第一 四章十九節)と神発的世界を伝えてくれています。

また旧約聖書のソロモンは、箴言四章二十三節のなかで「何を見張るよりも、あなたの心を見守れ。いのちの泉はこれから湧く。」と言う内発的世界を伝えてくれています。ですからクリスチャンになった者は絶えず原点に戻る必要があります。そうでないと気づけば「我とそれ」に占領されてしまっているかもしれないからです。「我とそれ」に占領されるとどんなに良いものでも別物になってしまうからです。

キリスト教は私たち日本人にとってまだまだ遠い外国の宗教なのでしょう。だからイエス・キリストを自分の関係者と考えにくいのでしょう。しかし、そんなキリストが唯一無二のあなたの名前を優しく呼んでくださるという証言の書が聖書なのです。「永遠の汝(なんじ)」なるお方が日本に住むあなたと「我と汝」の関係者になろうとされているのです。もちろん、ブーバー用語の「我と汝」とは、キリスト教用語の「愛」なのです。

ある日、キリストの言葉が書かれたこの立て看板が嵐で倒れてしまい、びしょ濡れになったのですが、とりあえず乾かして、教会のドアの横に立てかけておいたのです。そうすると一人の方が、このぼろぼろの看板の言葉に魅かれて、教会の中に入って来られました。その後この方は、来られていませんが、再び訪ねてほしいものです。

この立て看板の「我と汝」が、あなたにも届きますように。

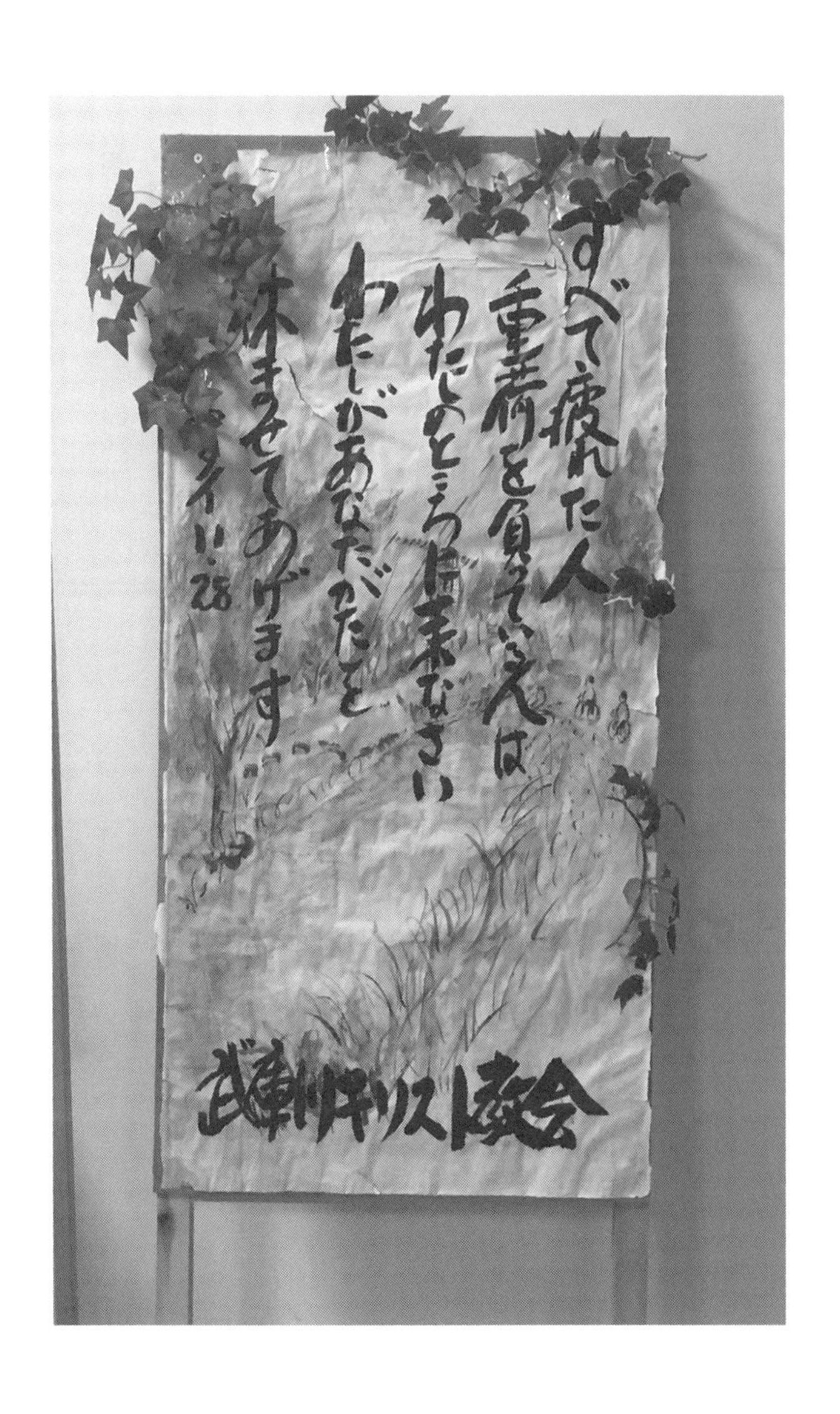
すべて疲れた人
重荷を負っている人は
わたしのところに来なさい
わたしがあなたがたを
休ませてあげます
マタイ11:28
武庫川キリスト教会

人格関係、関連研究の系譜

カパドキア三教父	紀元四世紀	
サンビクトールのリカネルドゥス	紀元十二世紀	
ジョン・カルヴァン（フランス）	紀元十六世紀	
マルティン・ブーバー（ドイツ）	一八七八〜一九六五	ユダヤ系ドイツ人哲学者
渡辺善太（日本）	一八八五〜一九七八	日本人神学者、ブーバーの「我と汝」が出版されたのは、三八歳のドイツ留学の時。
リヒャルト・クローナー（ドイツ）	一八八四〜一九七四	ユダヤ系ドイツ人哲学者、ブーバーの「我と汝」が出版されたのは三九歳の時。
カール・バルト（ドイツ）	一八八六〜一九六八	ドイツ人神学者、ブーバーの「我と汝」が出版されたのは三七歳の時。
フランツ・ローゼンツヴァイク（ドイツ）	一八八六〜一九二九	ユダヤ系ドイツ人哲学者、ブーバーの「我と汝」が出版されたのは三七歳の時。ブーバーと共に聖書翻訳。

エミール・ブルンナー（スイス）	一八八九～一九六六	スイス人神学者、ブーバーの「我と汝」が出版されたのは三四歳。
ジョン・マクマレー（イギリス）	一八九一～一九七六	「我と汝」が出版されたのは三二歳の時。ギフォード講演で「関係の中にある人」「行為主体としての自己」を発表。
有賀鐵太郎（日本）	一八九九～一九七七	日本人神学者、京都大学キリスト教学科に在職（ユダヤ的な「存在論」とは）
エマニュエル・ルヴィナス（フランス）	一九〇六～一九九五	ユダヤ系フランス人哲学者（ロシア出身）
森有正（日本）	一九一一～一九七六	日本人哲学者（フランス在住）、ブーバーの「我と汝」が出版されたのは十二歳。一九七一年の国際キリスト教大学の授業で「我と汝」を教える。
ジェームズ・フーストン（イギリス）	一九二二～	イギリス人霊性神学者、リージェント創立学長、マクマレーの影響を見る。
大木英夫（日本）	一九二八～二〇二二	日本人神学者、ブーバーのフッサール理解は、ハイデガーの存在論思惟と全く異なると指摘。

ピーター・バーガー（アメリカ）	一九二九〜二〇一七	イギリス人社会学者、「神を人格と扱うか」の項でブーバーを引用
エドワード・ファーレー（イギリス）	一九二九〜	イギリス人神学者、「孤立し、純粋に個別である自己などありえない」
アリスター・マックグラス（イギリス）	一九五三〜	イギリス人神学者、「対話的人格主義」の項でブーバーを紹介

「依存症からの解放十二ステップ」（本書四〇頁参照）

ステップ一　私は自分が本当に無力であることを認めます（無力）
ステップ二　永遠の汝だけが私を強くすることを信じます（信頼）
ステップ三　私は私の意志と人生のすべてを彼に委ねます（委任）
ステップ四　強さと弱さを判別する為に棚卸しを始めます（省察）
ステップ五　私は回復途上の物語を彼と友人に知らせます（告白）
ステップ六　私は依存症から癒されるための準備をします（改善）
ステップ七　依存症を癒してくださいと彼に謙虚に求めます（請願）
ステップ八　心の痛みを痛みとするために表面化させます（自覚）
ステップ九　できる限り人との関係の埋め合わせをします（修復）
ステップ十　棚卸しで誤りを認め、ないときは感謝します（維持）
ステップ十一　お祈りしつつ、彼との関係を深めていきます（祈り）
ステップ十二　喜びを頂いたなら、痛む人に彼を紹介します（奉仕）

ステップ一の「ハイヤーパワー」を「永遠の汝」（ブーバー）にしてみました。もちろんイエスさまです。

自分のキリスト教関連の記憶を繋ぐための年表を作りました。

祖父 武田松太郎	一九二八年	十二月祖父武田松太郎、祖母ニヨと結婚する
母 武田墨子	一九三一年	八月二日　八木くにの長女として誕生（大阪市大淀区）八木家の祖父は奥琵琶湖畔で育ち、祖母は大阪の下町で育つ
父 武田二郎	一九三二年	九月二三日、武田松太郎・ニヨの長男として誕生（高松市東山崎町）祖父松太郎は医師
太平洋戦争一九四一年〜一九四五年		
祖父 武田松太郎	一九四二年	開戦の翌年二月八日戦死（病死）、父と祖父の最期の別れの言葉は、広島の呉海軍病院での「お父さんは死んでも死にきれない。草葉の陰で祈っているぞ、立派な人間になれ、兄弟の面倒よろしく頼む」（父の手記「80歳の決心」より）であった。当時、父九歳
父 武田二郎（十歳）	一九四三年	祖父戦死（病死）後、姫路の広畑の家を引き払い、故郷の高松に。
父 武田二郎（十三歳）	一九四五年	香川県立高松工業学校航空機科入学（八月太平洋戦争終戦）翌年航空機科廃科

父 武田二郎（十八歳） 一九五〇年 香川県立高松工芸学校卒業（修業年限五年）

父 武田二郎 （二十歳前後） 四国の高松で巡回伝道中のバプテストの牧師、大谷賢二師の説教を聞く。

どうも武田家に初めてキリスト教が届いたのがこの時ではなかったか。

父 武田二郎（二十二歳） 一九五四年 来阪の父が「世の光」事務局のドアをノックし、小切間師と出会う。

レン宣教団

関西で「世の光」ラジオ放送開始。スポンサーはメノナイトブレザ

父 武田二郎（二十三歳） 一九五五年 七月三〇日、メノナイトブレザレン宣教師ジョナサンバーテル師より受洗。

父 武田二郎（二十五歳） 一九五七年 メノナイトブレザレン聖書学院に（大阪市此花区春日出町）入学（一期生）当時は戦後救済のメノナイトセントラルコミュッティの跡地を神学校としていた。

父 武田二郎（二十六歳） 一九五八年 四月二十日、クラウス師夫妻の導きで、八木墨子（聖書学院同級生）と結婚。

私　武田信嗣	一九五九年	春日出キリスト教会牧師館で（大阪市此花区）で誕生、プロテスタント宣教百周年の年、誕生直後にワールドビジョンのボブピアス師が講師の大阪クリスチャンクルセード開催、父はキリスト教書籍販売の奉仕をする。
父　武田二郎（二十九歳）	一九六一年	メノナイトブレザレン聖書学院（池田市）卒業
弟　武田　宣	一九六一年	二人兄弟の弟、春日出キリスト教会内（大阪市此花区）で誕生名前「宣（のぶる）」は宣教師の「宣」より命名
父　武田二郎（二十九歳）	一九六一年	春日出キリスト教会（大阪市此花区）牧師に就任
叔父　武田　洋	一九六四年	港キリスト教会（大阪市港区）牧師に就任
父　武田二郎（三十四歳）	一九六六年	私は小学二年生、春日出（大阪市此花区）から大阪市福島区玉川町に教会毎移動。教会名を玉川キリスト教会と命名、後の大阪セントラルグレースチャペル
私　武田信嗣（七歳）		文屋知明氏（近隣のホーリネス大阪教会の牧師のご子息）より高校三年生までピアノ、教会オルガン、声楽指導を受ける（十一年間）
父　武田二郎（三十七歳）	一九六九年	日本メノナイトブレザレン教団の按手礼を受ける（大阪市福島区）

私 武田信嗣（十一歳）	一九七〇年	毎月開催の大阪福音クルセードの本田弘慈師の伝道説教で信仰の決断をする。本田弘慈師は毎月玉川キリスト教会近くの松枝旅館に泊まられ、交わりを頂く。
父 武田二郎（三十八歳）	一九七〇年	父が協力伝道に燃えた一年（大阪福音クルセード副実行委員長）
叔父 武田 洋	一九七一年	奈良西部伝道所派遣↓田原本キリスト教会（現在の大和聖書教会）
私 武田信嗣（十四歳）	一九七二年	十二月十日、父武田二郎より受洗（大阪市福島区）冷たい朝だった。受洗後より玉川キリスト教会の礼拝の奏楽奉仕を始める。
弟 武田 宣（十五歳）	一九七六年	四月四日、二人兄弟の弟、父武田二郎より受洗（大阪市福島区）
祖母 武田ニヨ	一九七六年	七月二五日、父の献身で父を勘当した耶蘇教嫌いの祖母（香川県高松市）の受洗洗礼を授けてくださったのはラルフ・カックス宣教師。高松の祖母を信仰に導いてくれた先輩を慕い、東京基督教短期大学（国立市）に。
私 武田信嗣（十九歳）	一九七八年	教会音楽の恩師、三谷幸子師（聖歌隊、声楽、何よりも賛美の精神を学ぶ）、天田繋師（二年間、教会音楽科受講）との出会い、多くの恩師からの尊い指導と友人たちとの出会いを頂く。水曜祈祷会は日本同盟教団世田谷中央教会（安藤仲市師）に出席

私 武田信嗣	（十九歳）	一九七八年	日本伝道ミッション大泉聖書教会（ボーマン師）で教会学校教師の奉仕
私 武田信嗣	（二十歳）	一九七九年	二年目奉仕教会、東京フリーメソジスト小金井教会（芳賀正師） 小平市の教会学校分校（坂入兄姉宅）で教会学校教師の奉仕
私 武田信嗣	（二十一歳）	一九八〇年	日本バプテスト連盟奥多摩バプテスト教会で奉仕（父に初めて福音を伝えてくださった大谷賢二師の牧会する教会とは知らずに奉仕教会とする。松枝夫人にもお世話になる）
父 武田二郎	（四十八歳）	一九八〇年	ビリーグラハム国際大会・大阪大会事務局長に。私は学校の許可を頂き来阪する
私 武田信嗣	（二十二歳）	一九八一年	福音聖書神学校の入学が許可されず、社会経験のために、戎電機（大阪市福島区の教会役員の方のお世話で）就職
私 武田信嗣	（二十四歳）	一九八三年	福音聖書神学校（池田市）編入
叔父 武田洋		一九八四年	大和聖書教会（奈良県）周南キリスト教会（山口県）に転任
私 武田信嗣	（二十六歳）	一九八五年	福音聖書神学校（池田市）卒業
私 武田信嗣	（二十六歳）	一九八五年	石橋キリスト教会（池田市）副牧師就任
私 武田信嗣	（二十七歳）	一九八六年	副牧師就任一年後、主任牧師有田優師が脳内出血で倒れられる。二十七歳から三十歳まで石橋キリスト教会は主任牧師不在の教会となる

私 武田信嗣（三十歳）	一九八九年	石橋キリスト教会主任牧師に眞鍋孝師（元パプアニューギニア翻訳宣教師）就任
私 武田信嗣（三十歳）	一九八九年	石橋キリスト教会名誉牧師、有田優師の司式で石橋の教会員中村礼子姉と結婚
叔父 武田 洋	一九九〇年	周南キリスト教会（山口県）から広島西伝道所に転任
長男 武田遣嗣	一九九〇年	長男武田遣嗣（けんじ）誕生（淀川キリスト教病院）
私 武田信嗣（三十三歳）	一九九二年	武庫川キリスト教会（尼崎市大庄中通）牧師就任（前任不破勝美師から引継ぎ）
義母 中村ミヤノ	一九九二年	キリスト教に入信し、平安のうちに召天、義母はホスピス（淀川キリスト教病院ホスピス）で皆さんからの愛を頂き、特に当時、ホスピス長だった柏木哲夫師が信嗣先生と礼子さんは友人です」と言ってくださったことが入信のきっかけとなった。
私 武田信嗣（三十四歳）	一九九三年	林龍太郎兄、西村峰子姉と私の三人スタッフ体制のスタート
次男 武田仰嗣	一九九三年	次男武田仰嗣（こうじ）誕生（淀川キリスト教病院）

阪神淡路大震災	一九九五年	阪神淡路大震災、直後より救援隊を組む
父 武田二郎（六十五歳）		一九九七年－二〇〇二年（六十五歳～七十歳） 大阪ケズィックコンベンション委員長
三男 武田湧嗣	一九九九年	三男武田湧嗣（ゆうじ）誕生（淀川キリスト教病院）
義父 中村芳雄（七十五歳）	一九九九年	キリスト教に入信し、平安のうちに召天（尼崎市）富士精機製作所会長。一九二五年生まれ山口県立下松工業高校機械科→岡山で精密機械の専門学校→三鷹の中島飛行機→陸軍士官学校→終戦を中国で迎え、捕虜になる。中国の捕虜収容所にて松本さんという方を通してキリスト者の愛に触れる。（松本さんは、父が熱で苦しんでいる時、自分に提供された食事を父にくださった。）
私 武田信嗣（四十歳）	一九九九年	「日々のみことば」執筆奉仕（現在も続けている）
私 武田信嗣（四十二歳）	二〇〇一年	四月二十二日、日本メノナイト・ブレザレン教団の按手礼を受ける。 按手礼論文は「二、三人の神学」
父 武田二郎（七十歳）	二〇〇二年	大阪セントラルグレースチャペル退任、名誉牧師に、尼崎市大庄西町に転居
長男 武田遺嗣（十五歳）	二〇〇五年	武庫川キリスト教会旧会堂でキリスト教に入信・私より受洗（尼崎市）

次男 武田仰嗣（十三歳）二〇〇六年　武庫川キリスト教会旧会堂でキリスト教に入信・私より受洗（尼崎市）

私 武田信嗣（四十九歳）二〇〇八年　四月〜二〇一一年三月日本メノナイトブレザレン教団議長

長男 武田遣嗣（十九歳）二〇〇九年　長男武田遣嗣が東京基督教大学神学科に入学

東日本大震災　二〇一一年三月十一日、東日本大震災

三月十三日、震災と合わさったことで複雑な思いで完成した新会堂に一同で入り、感謝祈祷会を行う。（後、次期教団議長北嶋和之師と熊田師と車で仙台に）

新会堂献堂　二〇一一年
五月八日、武庫川キリスト教会新会堂献堂
（尼崎市大島の国道2号線沿い）

私 武田信嗣（五十三歳）二〇一一年
四月〜二〇一三年三月、（五十三歳〜五十五歳）
福音聖書神学校校長

三男 武田湧嗣（十二歳）二〇一一年　新会堂でキリスト教に入信・私より受洗（尼崎市）

祖母 武田ニヨ（百四歳）二〇一二年
召天一か月前、病床で祖母と約束した通り、高松市東山崎町への帰郷を叶えることができた。[脚注1]

武庫川キリスト教会五十周年記念祝賀会
二〇一四年六月一日、ノボテル甲子園（現・ホテルヒューイット甲子園）

弟 武田宣　二〇一四年　カルチャーコンビニエンスクラブ副社長に就任

長男 武田遣嗣（二十五歳）　二〇一五年　東京基督教大学神学科（修士）卒業
日本福音キリスト教会連合の牧師就任
那珂湊キリスト教会（茨城県）と大洗キリスト教会（茨城県）を兼牧

父 武田二郎（八十四歳）　二〇一七年　一月一〇日平安のうちに自宅（尼崎市大庄西町）で召天（老衰）

弟 武田宣　二〇一七年「カメラのキタムラ」会長に就任

弟 武田宣　二〇一九年「キタムラ・ホールディングス」社長に就任

次男 武田仰嗣　二〇二〇年　ケイダッシュステージ所属の漫才師に『ムラタケ』

教会の礼拝出席数（年間平均）が百十名を越えるようになった頃に、コロナの感染拡大

二〇一九年〜二〇二一年、武庫川キリスト教会、大野（旧姓笹田）信穂師をユースパスターに迎える

二〇二一年　武庫川キリスト教会、村上美幸師を伝道師に迎える

二〇二三年　武庫川キリスト教会、西尾洋師を副牧師として迎える

長男 武田遺嗣（三十四歳）	二〇二四年	那珂湊と大洗の教会を辞し、リーベンゼラミッション宣教師になる予定
私 武田信嗣（六十五歳）	二〇二四年	三月三十一日 武庫川キリスト教会退任（定年）、西尾洋師、主任牧師就任式の予定

六十五歳定年後、広島北キリスト教会、広島西キリスト教会、周南キリスト教会、三教会での牧会を予定している。ピアニカ片手に旅する牧会を夢見て……。

脚注1　黒川知文著『日本史におけるキリスト教宣教』（教文館）のなかの「小説天幕集会」（四百一頁から四百三頁）に私の知らなかった「武田のおばあちゃん」（祖母ニヨ）の姿が描かれたノンフィクションの小説があったので驚きました。「夏の夜。人々の寝静まった田からは、蛙の賑やかな鳴き声が聞こえてくる。夜空には、数限りない星がくっきりと出て、呼吸しているかのようにまたたいている。雲も月もない奥深い夏の夜。一点だけあかりが灯った農家。そこに六人の若者とひとりのおばあちゃんが、円く座って頭を下げ、心をひとつにして、神への祈りをひたすらささげている。」この六人の高校生の一人が私に東京の神学校（東京基督教短期大学）に行く夢をくださった先輩で、この先輩が高校生だった私に東京基督教短期大学の在学生の歌のテープを私に手渡してくださったことからこの夢が始まりました。

あとがき

本書はキリスト教に疑問をもちつつもキリスト教に近づこうとしてくださる方々のことを想像しながら書いたものです。すべての人にクリスチャンになってほしいのです。ですから、この本を読まれたクリスチャンは、武田がいつもの言葉とは違う言葉を使用していることに気づかれると思います。またキリスト教用語よりも「我と汝（なんじ）」ばかりに思われたかもしれません。でもキリスト教を伝えたい気持ちを汲んでくださり、読んでくださりありがとうございます。

今回、定年に至るまで一緒に歩んでくださった教会の皆さんがこの本を読まれて、「こうゆうことだったのか」と思っていただけたらうれしいし、またキリスト教界のなかでもブーバーの「我と汝(なんじ)」と「二、三人の神学」に共感してくれる方が一人でもおられたらうれしい、そんな気持ちで書かせて頂きました。もう一つ付け加えると、六十五歳定年で武庫川キリスト教会を去り、「新しき地」に踏み出して行くなかでの道具にしたいとも思っています。

この本のなかでも書いたように、私の旅のスタート地点にブーバーがいたから始まったのではなく、二、三人を意識したことからすべてが始まったのです。つまり武庫川キリスト教会に赴任した時から二人のスタッフ（西村峰子さん、故林龍太郎さん）がいて、彼らと共に三人で二〇〇〇年前後を駆け抜けたことがすべてのすべてでした。ですから、ここに書かれてある内容は、二、三人の関係性の私なりの実験結果でもあるのです。

原稿を読んでいただき、励ましの感想をくださった竹田満師、武庫川キリスト教会副牧師の西尾洋師、伝道師の西村峰子師、村上美幸師、田畑弘子さん、初めて本を書く上での適切なアドバイスをくださった井上久夫さん、校正のお手伝いをしてくださった吉井道子さん、中山みどりさん、ノンクリスチャンの立場から読み込んでくださり、貴重なアイデアをくださった小野吏悠太（りゅうた）さん、また、武田という人物を知ってもらうために、証しを最後に入れること、教会ホームページの四コマ漫画をご覧になり、本の中に掲載することをご提案くださった株式会社ヨベルの安田正人さん、四コマ漫画と「チロ」の絵を描いてくださった大野信穂（しお）さんに心より感謝いたします。

武庫川キリスト教会の皆さんと、妻礼子の後押しがなかったら、本を書こうなどとは到底思わなかったことでしょう。すべてのことに主の導きを覚え、心から感謝いたします。

2024年1月14日

武田信嗣

「Instagram @ooonoshio　“おおの しお”で活動させていただいています。ご依頼のご要望があればダイレクトメッセージでご連絡ください。」大野信穂

武田信嗣（たけだ・しんじ）

1959年、大阪市生まれ（牧師家庭）、2024年、定年で武庫川キリスト教会牧師を終え、再び牧師として新しき地に（広島北キリスト教会、広島西キリスト教会、周南キリスト教会に）。2024年3月の時点での趣味は、レコード鑑賞、カセットテープ鑑賞、「大人のピアニカ」（ヤマハ）を持ち歩いて音色を楽しむこと。他……。（詳しくは巻末年表を参照ください）

さけびはとどく

2024年3月20日 初版発行

著　者── 武田信嗣

発行者── 安田正人

発売所── 株式会社 ヨベル　YOBEL, Inc.
〒113-0033 東京都文京区本郷 4-1-1　菊花ビル 5F
TEL03-3818-4851　FAX03-3818-4858
e-mail : info@yobel.co.jp

印刷── 中央精版印刷株式会社

配給元─日本キリスト教書販売株式会社（日キ販）
〒162 - 0814　東京都新宿区新小川町 9 -1
振替 00130-3-60976　Tel 03-3260-5670

ISBN978-4-911054-18 -5 C0016

聖書は聖書新改訳 2017（新日本聖書刊行会）を使用しています。